PERSONNALISEZ VOTR

TECHNIQUES DE PE

PERSONNALISEZ VOTRE INTERIEUR
GRACE AUX TECHNIQUES DE

PEINTURE DECORATIVE

CHANTECLER

TABLE DES MATIERES

Les bases de la peinture

Dessins peints

Peintures et glacis spéciaux

Imitations

PRODUITS ET MATERIAUX DISPONIBLES

Applicateur avec éponge: éponge fixée à une tige qui fait office de pinceau pour des surfaces plates.

Applicateur de peinture avec guides: instrument plat, souvent en plastique, pourvu de petits poils sur toute la surface et de guides sur roulettes sur les côtés; pour peindre des bordures.

Apprêt acrylique polyvinylique: couche de fond; sert à sceller une surface poreuse de plâtre et de poterie non émaillée si l'on souhaite obtenir une finition lisse.

Apprêt cache-taches: couche de fond qui recouvre les taches et les empêche de traverser la peinture.

Apprêt latex: couche de fond appliquée sur la surface à peindre afin de préparer celle-ci à recevoir la couche de peinture.

Apprêt latex antirouille: couche de fond antirouille, souvent utilisée sur les objets en métal.

Diluant de peinture acrylique: allonge le temps de séchage de la peinture latex qui, le plus souvent, sèche vite.

Finition acrylique claire en aérosol: couche finale.

Finition claire: couche finale transparente, mate ou brillante, qui protège la peinture.

Glacis: peinture à laquelle on ajoute des produits qui en allongent le temps de séchage et permèttent de ce fait différents effets; devient transparent une fois sec.

Manche adaptable: long manche, comparable à un manche de brosse, sur lequel on fixe un rouleau et grâce auquel on peut peindre les parties inaccessibles des murs, par exemple.

Médium textile: produit qui, ajouté à une peinture, rend celle-ci apte à la peinture sur tissu.

Peigne pour pinceau: sorte de peigne qui enlève les particules de peinture et aligne les soies.

Peinture acrylique: peinture fabriquée chimiquement et soluble dans l'eau (par opposition à d'autres sortes de peintures qui ne sont dissoutes que dans du white spirit ou de l'essence de térébenthine).

Peinture acrylique qualité décorateur: même chose que la peinture acrylique, disponible en petit conditionnement et surtout destinée à faire de petites touches.

Peintûre pour céramique: peinture spécialement conçue pour peindre la céramique; donne une finition translucide.

Peinture pour tissu: peinture spécialement conçue pour peindre le tissu.

Pinceau pour pochoir: pinceau court, à poils raides et épais, spécialement conçu pour les pochoirs.

Retardateur à base de peinture acrylique: allonge le temps de séchage de la peinture acrylique.

Rouleau à garniture courte: rouleau qui couvre de petites surfaces de peinture, à utiliser principalement le long des bords.

Rouleau à garniture longue: rouleau couvrant de grandes surfaces de peinture.

Rouleau à garniture moyenne: rouleau couvrant des surfaces moyennes de peinture.

Ruban-cache, adhésif de peintre, ruban stencil: adhésif avec lequel on protège certaines parties du travail qui ne doivent pas être peintes.

Sous-couche émaillée latex: couche de fond pour du bois qui a déjà été peint.

PEINTURE DECORATIVE

Les finitions de peinture apportent une touche personnelle à vos murs et votre mobilier.

La peinture décorative est une façon créative d'exprimer votre propre style et de donner à vos murs, mobilier et accessoires une finition personnalisée. Choisissez des peintures qui puissent être utilisées sur du plâtre, du bois, du métal, de la céramique et du tissu.

Choisissez des peintures coordonnées à votre décoration. Pour obtenir des contrastes avec un mobilier contemporain très lisse, appliquez un vernis imitation granit sur une sculpture. Utilisez un vernis d'albâtre pour les moulures traditionnelles ou une imitation vert-de-gris pour une statuaire de plâtre et des pots de terre cuite.

Essayez les glacis de peinture pour ajouter de la texture visuelle. Pour les murs, vous désirerez peut-être une finition marbrée avec des couleurs ton sur ton.

Les peintures acryliques ou latex, solubles dans l'eau, sont utilisées pour toutes les techniques de ce livre pour un nettoyage plus aisé et la protection de l'environnement. Afin d'obtenir des finitions différentes, on emploie souvent des médiums très variés.

Toutes les informations de ce livre ont été testées; cependant, dans la mesure où les compétences de chacun et les conditions d'utilisation varient, l'éditeur rejette toute responsabilité dans le cas de résultats peu satisfaisants. Suivez les directives des fabricants de matériel et fournitures que vous utilisez pour effectuer ces projets. L'éditeur ne saurait être tenu pour responsable de tout préjudice ou dommage provoqué par une mauvaise utilisation des outils, du matériel ou des informations de ce livre.

Les bases de la peinture

TYPES DE PEINTURE A L'EAU

Une vaste gamme de peintures est disponible dans les magasins spécialisés. Chaque type de peinture a ses avantages. Toutes les peintures suivantes sont à l'eau, se nettoient facilement avec du savon et de l'eau. De plus, les peintures à l'eau sont aussi plus propres pour l'environnement que les peintures à l'huile.

La peinture acrylique ou latex sèche vite et dure longtemps. En plus de la gamme étendue de couleurs pré-mélangées, cette peinture peut être mélangée pour vos besoins par un professionnel. Elle est disponible dans différentes finitions, du latex mat au latex très brillant. La peinture émaillée satiné, parfois appelée émail coquille d'œuf, brille délicatement et a un bon effet couvrant; le semi-brillant brille un peu plus. Plus la peinture brille, plus elle sera résistante. Vendue en bidons de 0,5, 1 et 3 litres, cette peinture convient à tous les usages et pour de petits et gros travaux.

La peinture latex contient des résines acryliques ou vinyliques, ou un mélange des deux. Les peintures latex à base de résines acryliques sont de qualité supérieure. Puis viennent les mélanges vinyle-acrylique, suivis des peintures à base de résines vinyliques. Les peintures de qualité supérieure coûtent plus cher, mais durent longtemps.

Les aérosols de peinture acrylique offrent une couverture excellente et sèchent rapidement. Ils peuvent être appliqués aisément et en peu de temps sans laisser de traces de pinceau. Ils conviennent particulièrement à la peinture de surfaces complexes qui sont difficiles à peindre avec un pinceau. Une large gamme d'aérosols de peinture acrylique est disponible, de la finition mate à une finition satinée.

La peinture acrylique qualité décorateur contient 100% de résines acryliques. Vendue en général en flacons de 60, 120 et 240 ml, ces peintures pré-mélangées ont une consistance crémeuse à l'application et couvrent parfaitement. Il ne faut pas les confondre avec les peintures acryliques plus épaisses utilisées pour peindre une toile. La peinture acrylique qualité décorateur peut être mélangée à de l'eau, un retardateur acrylique ou un épaississeur à base de peinture latex (pages 16 et 17).

Les peintures pour céramique ne se rayent pas et proposent une finition translucide. Elles peuvent être chauffées dans un four à basse température afin qu'elles durent plus longtemps, et qu'elles résistent à l'eau. On peut aussi utiliser les peintures acryliques et à base de latex pour peindre les céramiques, si la surface a été préalablement préparée (page 19).

Les peintures pour tissu ont été spécialement conçues pour peindre ce support. Afin d'éviter une raideur excessive, n'en appliquez pas trop; la texture du tissu doit être visible à travers la peinture. Une fois la peinture thermofixée, le tissu peut être lavé en machine ou amené au pressing. Les peintures acryliques peuvent elles aussi servir à peindre du tissu; on peut ajouter un médium textile (page 17) à ces peintures pour les rendre plus souples sur le tissu.

MEDIUMS POUR PEINTURE

Les médiums pour peinture, comme les retardateurs, les épaississeurs, les diluants, sont souvent indispensables pour obtenir de bons résultats en peinture décorative. Disponibles en latex ou acrylique, les médiums sont conçus pour créer certains effets ou pour changer les qualités d'une peinture sans modifier sa couleur. Certains médiums s'ajoutent directement à la peinture. Les médiums sont surtout très utiles pour les glacis latex et acryliques (page 71), dans la mesure où ils rendent une peinture de nature opaque quelque peu translucide.

Un retardateur à base de peinture acrylique a été élaboré pour vaporiser de la peinture à base de latex, mais ce produit indispensable est aussi essentiel pour faire un glacis à effets. Quand on ajoute un retardateur à de la peinture, il accroît le temps de séchage et fait durer l'aspect humide des bords pour éviter le chevauchement des couleurs. Le mélange a une consistance plus souple et produit une finition translucide. On peut ajouter directement un peu de ce retardateur à une peinture acrylique ou latex.

Un diluant de peinture acrylique dilue la peinture, allonge le temps de séchage, et rend la peinture plus transparente. Il sert aussi à faire les veines caractéristiques des imitations de marbre. Quand on l'utilise pour le veinage, le diluant acrylique ne se mélange pas à la peinture, mais se pose à côté. La peinture et le diluant s'amalgament en passant une plume dedans.

Un épaississeur de peinture acrylique accroît le temps de séchage de la peinture tout en épaississant sa consistance. Ce produit peut être mélangé directement à la peinture acrylique ou latex. Vous observerez peut-être de petites bulles en mélangeant, mais elles disparaîtront à l'application. L'épaississeur est employé pour certaines techniques de peinture qui nécessitent une peinture avec plus de corps, comme une imitation bois ou marbre, et un effet de peigne.

Un médium textile est conçu pour être utilisé avec de la peinture acrylique sur du tissu. Mélangé avec de la peinture, il lui permet de pénétrer les fibres naturelles de coton, de laine et autres, créant ainsi des dessins peints indélébiles et lavables. Après avoir peint le tissu, on le repasse avec un fer chaud.

APPRETS ET VERNIS

Un apprêt latex est utilisé pour sceller les panneaux de revêtement. Il rend la surface non poreuse afin qu'un plus petit nombre de couches soit nécessaire. Cet apprêt peut aussi servir à sceller des panneaux de revêtement déjà peints avant d'appliquer une nouvelle peinture d'une couleur différente.

APPRETS

Certaines surfaces doivent être apprêtées avant d'appliquer la peinture. Les apprêts assurent une bonne adhérence de la peinture et sont utilisés pour sceller les surfaces poreuses afin que la peinture puisse ensuite s'étaler régulièrement sans imbiber le support. Il est en général inutile d'apprêter une surface non poreuse en bon état, comme du bois déjà peint, lisse et sans éclat. Il existe de nombreux apprêts à base d'eau. Choisissez un apprêt approprié pour le type de surface que vous allez peindre.

Une sous-couche émaillée latex est utilisée pour apprêter la plupart des bois bruts ou des bois qui ont été déjà peints ou tachés. Un apprêt pour bois ferme les pores du bois et donne une surface lisse. Il ne s'utilise pas sur du cèdre, du séquoia et du contreplaqué contenant des matières colorantes solubles dans l'eau.

Un apprêt latex antirouille pour métaux permet à la peinture d'adhérer au métal. Après application d'un apprêt antirouille, une peinture à base d'eau peut être utilisée sur le métal sans faire rouiller la surface.

Un apprêt acrylique polyvinylique sert à sceller une surface poreuse de plâtre et de poterie non émaillée, pour obtenir une finition lisse. Pour préserver la texture du support, appliquez la peinture directement sur la surface sans apprêt.

Un apprêt cache-taches recouvre les taches de crayon, d'encre et de graisse afin qu'elles ne traversent pas la couche supérieure de peinture. Il sert à sceller les nœuds du bois et est particulièrement conseillé pour apprêter le cèdre, le séquoia et le contre-plaqué teinté de matières colorantes à base d'eau, parce qu'il empêche la coloration de ces bois d'apparaître dans la finition. Cet apprêt polyvalent est aussi utilisé pour apprêter les surfaces brillantes des terres cuites émaillées, par exemple, ce qui rend tout ponçage ou dépolissage inutile.

VERNIS

Les vernis sont parfois utilisés sur la peinture comme couche finale. Ils protègent la surface peinte avec un film transparent. Les degrés de protection et de résistance varient d'une application d'aérosol mat à une couche brillante de finition.

Une finition claire, comme les uréthanes et les acryliques à base d'eau, peut être utilisée sur la peinture pour obtenir une finition durable. Comme pour les autres produits, plus la finition est brillante, plus elle sera lavable et résistera aux rayures. La finition claire est appliquée avec un pinceau ou une éponge. Les finitions claires sont disponibles en 0,5, 1 et 4 l dans les magasins de peintures et en flacons de 120 et 240 ml dans les magasins d'art.

Une finition acrylique claire en aérosol, disponible en mat ou brillant, peut être utilisée comme couche finale sur la peinture pour la protéger. Une finition brillante ajoute une touche satinée et donne de la profondeur à la peinture pour obtenir un aspect plus verni. Pour une protection minimale, une couche légère suffit. Evitez d'appliquer des couches épaisses afin que la peinture ne coule pas. Pour protéger l'environnement, choisissez un aérosol qui ne contient pas de gaz nocifs.

FOURNITURES

ADHESIFS

Quand vous peignez, utilisez de l'adhésif pour protéger les zones environnantes. Différentes marques sont disponibles et leurs différences résident dans la façon dont ces adhésifs se décollent de la surface sans endommager la couche de base et dans leur résistance à travers le temps. Il serait préférable de tester votre adhésif avant de l'appliquer. Le bord de l'adhésif doit être fermement collé pour éviter tout écoulement.

Le ruban-cache de peintre **(a)** est l'un des produits conçu spécialement pour être utilisé avec la peinture. L'adhésif de peintre **(b)** est une large bande de papier brun autocollante d'un côté. Le ruban stencil **(c)** est proche du ruban-cache de peintre; il scelle fermement les pochoirs, sans endommager une surface peinte.

ROULEAUX

Les rouleaux sont utilisés pour peindre une zone rapidement avec une couche de peinture régulière. Les rouleaux sont utilisés avec des manches. Utilisez des rouleaux synthétiques ou de laine vierge pour appliquer des peintures à base d'eau.

Les rouleaux à garniture courte **(a)**, entre 6 mm et 1 cm d'épaisseur, sont utilisés pour appliquer les peintures brillantes aux surfaces lisses.

Les rouleaux à garniture moyenne **(b)**, entre 1,3 et 2 cm d'épaisseur, sont utilisés pour tous travaux.

Les rouleaux à garniture longue **(c)**, entre 2,5 et 3,2 cm d'épaisseur, sont utilisés pour couvrir les zones complexes avec moins de couches.

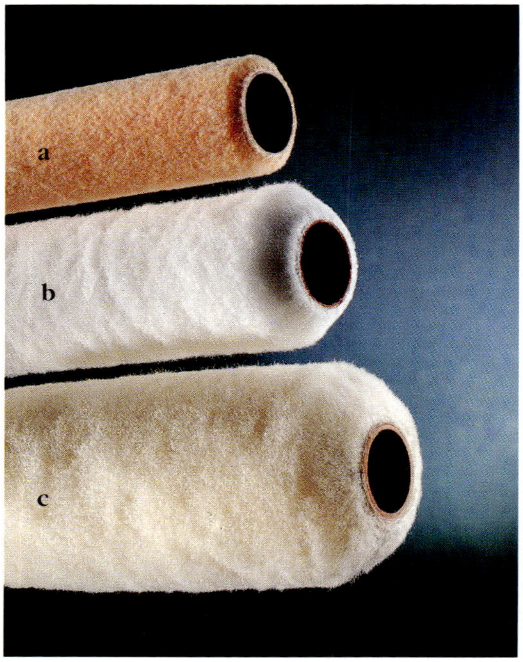

Un manche adaptable a une extrémité à vis qui s'adapte dans le manche de l'armature du rouleau. Utilisez-le pour les sols, plafonds et le haut des murs.

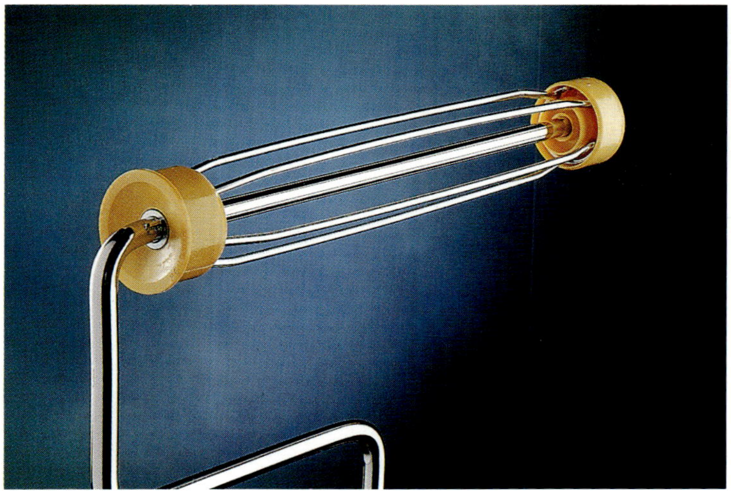

L'armature du rouleau se compose d'un bras métallique qui maintient le rouleau en place et d'un manche. Choisissez une armature avec des roulements de Nylon afin qu'elle tourne régulièrement et une extrémité à vis sur le manche afin que vous puissiez visser un manche adaptable.

PINCEAUX ET APPLICATEURS

Plusieurs types de pinceaux et d'applicateurs sont disponibles, conçus pour différents usages. Choisissez l'outil adéquat pour obtenir la meilleure qualité dans la finition.

Les pinceaux à fibres synthétiques **(a)** sont en général utilisés avec des peintures latex et acryliques à base d'eau, tandis que les pinceaux soies naturelles **(b)** sont utilisés avec des peintures à l'huile. Si vous utilisez les pinceaux soies naturelles avec des peintures à base d'eau, les soies se ramasseront. Même si cet effet est indésirable pour la peinture en général, les pinceaux soies naturelles peuvent être bel et bien utilisés avec des peintures à base d'eau pour créer certains effets décoratifs. Par exemple, les pinceaux soies naturelles servent à strier une finition de lavis coloré à base d'eau et à balayer à sec les peintures à base d'eau pour adoucir les imitations bois et les stries.

Les peignes pour pinceaux **(c)** retirent les particules de peinture séchées ou rebelles des pinceaux et alignent les soies afin qu'elles sèchent correctement. Pour utiliser un peigne, tenez le pinceau sous un filet d'eau tout en le passant plusieurs fois dans les soies de la racine à l'extrémité. Utilisez un savon doux sur le pinceau, si nécessaire, et rincez abondamment. Le côté incurvé de l'instrument peut servir à racler la peinture des rouleaux.

Les pinceaux pour pochoirs sont disponibles en différentes tailles. Utilisez de petits pinceaux pour un travail très détaillé, et de gros pinceaux pour les ouvertures plus importantes. On peut utiliser des pinceaux synthétiques **(d)** ou naturels **(e)** avec des peintures acryliques.

Les pinceaux d'artistes sont disponibles sous différentes formes: forme éventail **(f)**, forme effilée **(g)** et forme plate **(h)**. Après avoir nettoyé les pinceaux, reformez toujours la tête du pinceau avec les doigts. Stockez-les, tête en haut ou à plat afin qu'aucune pression ne s'exerce sur les soies.

Les applicateurs avec éponges **(i)** servent à appliquer régulièrement la peinture sur des surfaces plates.

Les applicateurs de peintures pour bordures avec guides **(j)** sont utilisés pour appliquer la peinture près des moulures, des plafonds et des angles. Les guides sur roulettes sont ajustables par rapport au support.

PREPARATION DE LA SURFACE

Pour obtenir une finition durable et d'excellente qualité qui adhère bien à la surface, il est essentiel de préparer correctement celle-ci afin qu'elle soit propre et lisse. Les étapes de cette préparation varient selon le type de surface à peindre. Il est souvent nécessaire d'appliquer au préalable un apprêt sur cette surface. Pour plus de renseignements sur les apprêts, reportez-vous aux pages 18 et 19.

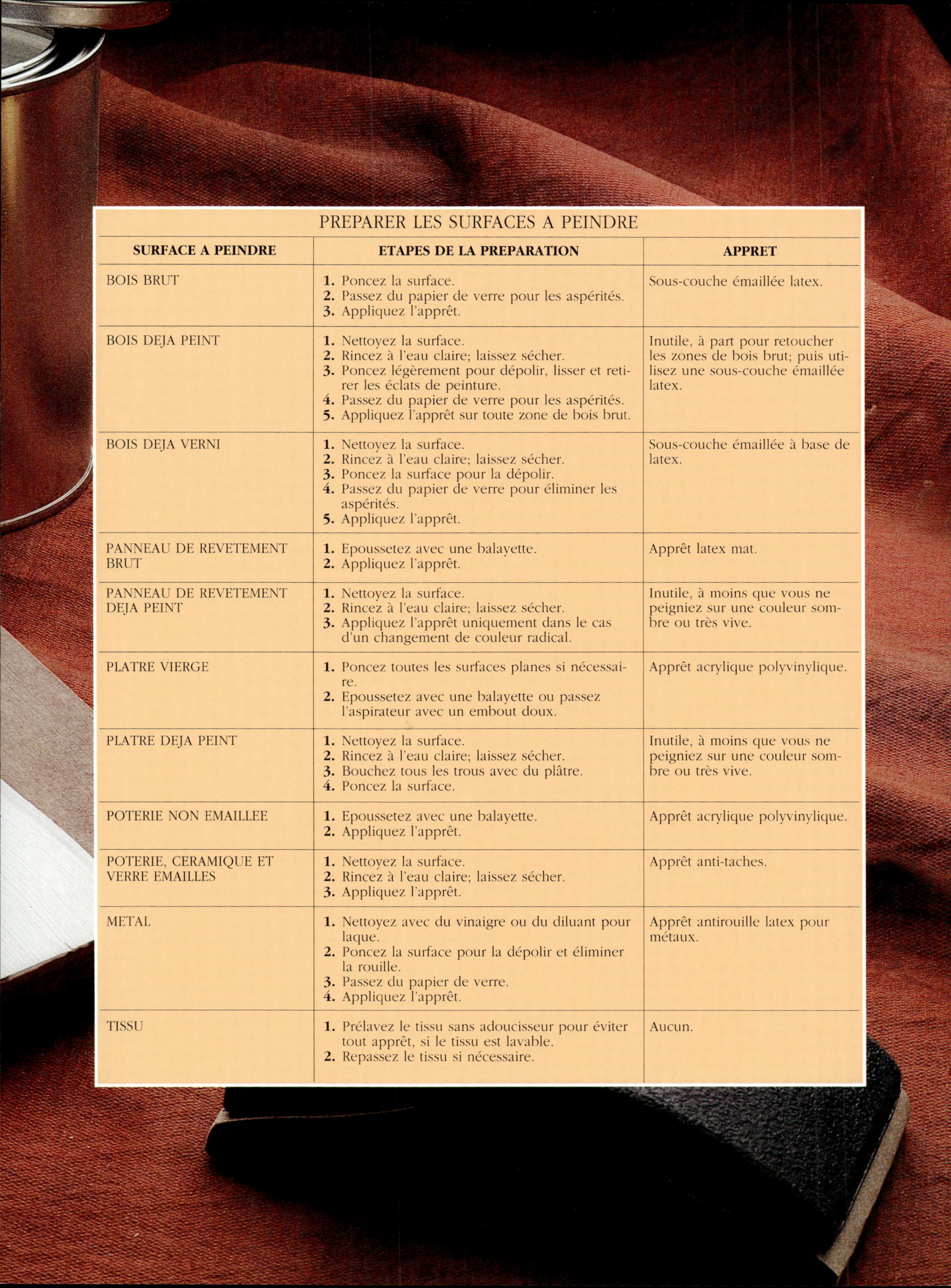

PREPARER LES SURFACES A PEINDRE

SURFACE A PEINDRE	ETAPES DE LA PREPARATION	APPRET
BOIS BRUT	**1.** Poncez la surface. **2.** Passez du papier de verre pour les aspérités. **3.** Appliquez l'apprêt.	Sous-couche émaillée latex.
BOIS DEJA PEINT	**1.** Nettoyez la surface. **2.** Rincez à l'eau claire; laissez sécher. **3.** Poncez légèrement pour dépolir, lisser et retirer les éclats de peinture. **4.** Passez du papier de verre pour les aspérités. **5.** Appliquez l'apprêt sur toute zone de bois brut.	Inutile, à part pour retoucher les zones de bois brut; puis utilisez une sous-couche émaillée latex.
BOIS DEJA VERNI	**1.** Nettoyez la surface. **2.** Rincez à l'eau claire; laissez sécher. **3.** Poncez la surface pour la dépolir. **4.** Passez du papier de verre pour éliminer les aspérités. **5.** Appliquez l'apprêt.	Sous-couche émaillée à base de latex.
PANNEAU DE REVETEMENT BRUT	**1.** Epoussetez avec une balayette. **2.** Appliquez l'apprêt.	Apprêt latex mat.
PANNEAU DE REVETEMENT DEJA PEINT	**1.** Nettoyez la surface. **2.** Rincez à l'eau claire; laissez sécher. **3.** Appliquez l'apprêt uniquement dans le cas d'un changement de couleur radical.	Inutile, à moins que vous ne peigniez sur une couleur sombre ou très vive.
PLATRE VIERGE	**1.** Poncez toutes les surfaces planes si nécessaire. **2.** Epoussetez avec une balayette ou passez l'aspirateur avec un embout doux.	Apprêt acrylique polyvinylique.
PLATRE DEJA PEINT	**1.** Nettoyez la surface. **2.** Rincez à l'eau claire; laissez sécher. **3.** Bouchez tous les trous avec du plâtre. **4.** Poncez la surface.	Inutile, à moins que vous ne peigniez sur une couleur sombre ou très vive.
POTERIE NON EMAILLEE	**1.** Epoussetez avec une balayette. **2.** Appliquez l'apprêt.	Apprêt acrylique polyvinylique.
POTERIE, CERAMIQUE ET VERRE EMAILLES	**1.** Nettoyez la surface. **2.** Rincez à l'eau claire; laissez sécher. **3.** Appliquez l'apprêt.	Apprêt anti-taches.
METAL	**1.** Nettoyez avec du vinaigre ou du diluant pour laque. **2.** Poncez la surface pour la dépolir et éliminer la rouille. **3.** Passez du papier de verre. **4.** Appliquez l'apprêt.	Apprêt antirouille latex pour métaux.
TISSU	**1.** Prélavez le tissu sans adoucisseur pour éviter tout apprêt, si le tissu est lavable. **2.** Repassez le tissu si nécessaire.	Aucun.

CHOIX DES COULEURS

Pour choisir les couleurs, vos goûts sont le premier élément à prendre en considération. Sans tenir compte des couleurs à la mode, vous devez vous sentir à l'aise dans les tons sélectionnés. Réfléchissez pour savoir si vous préférez une décoration audacieuse ou plus discrète dans une pièce. Même si vous décorez une chambre aux tons plutôt doux, vous pouvez toujours utiliser quelques couleurs vives en petite quantité.

En plus de vos goûts, les couleurs dépendent du type de finition, de la taille du projet à réaliser et de l'endroit où elles seront utilisées. Les finitions se présentent en combinaisons de tons subtils ou en gammes de couleurs très variées. Vous pourrez ainsi peindre des murs pour servir de toile de fond à votre mobilier ou une table pour attirer l'attention sur elle.

N'oubliez pas que les couleurs que vous voyez dans le magasin auront un autre aspect chez vous. Un éclairage différent, ainsi que des meubles autres que les vôtres, transformeront votre vision des couleurs. Pour des finitions qui utilisent une combinaison de couleurs, comme l'imitation mosaïque, choisissez des couleurs qui iront bien ensemble pour votre projet, et vérifiez qu'elles s'accordent à la décoration générale de la pièce.

Avant de prendre une décision concernant les couleurs, achetez une petite quantité de peinture de chaque couleur et essayez-les sur un morceau de carton. Placez-le là où la couleur doit aller dans la pièce et jetez-y un coup d'œil de temps à autre pendant une période de 24 heures. Remarquez la façon dont les couleurs jouent ensemble et se modifient à la lumière naturelle et artificielle. Si une pièce est surtout utilisée à un moment de la journée, observez soigneusement la couleur à ce moment-là.

Parfois, des couleurs différentes servent pour la sous-couche et la couche finale, comme pour les glacis de la page 71. Il est important que, pour ces finitions, vous testiez la technique de peinture avant de faire votre choix définitif.

COMMENT LA COULEUR TRANSFORME LE DESSIN

Une même finition peut être très différente selon les couleurs choisies. Pour une finition imitation mosaïque, les couleurs neutres (à gauche), comme le gris et le doré, produisent un effet simple. Ajoutez une troisième couleur (au centre), comme du vert, et le dessin est plus fort et plus affirmé. Quand plusieurs couleurs en contraste (à droite) sont combinées, le dessin se veut plus audacieux.

Vérifiez les échantillons de peinture là où elle sera utilisée dans la pièce avant de prendre une décision concernant les couleurs; placez un échantillon pour une nappe horizontalement sur une table, et placez un échantillon verticalement sur le mur afin que la lumière atteigne bien la surface. Observez les échantillons régulièrement pendant les prochaines 24 heures pour voir comment les changements de lumière modifient les finitions. La lumière naturelle du jour (ci-dessus, à gauche) projette une teinte bleutée à midi et une teinte jaune au lever et au coucher du soleil. Une lumière artificielle (ci-dessus, à droite) donne des tons jaunes.

La taille des échantillons doit être proportionnelle à la quantité de peinture de chaque couleur utilisée. On utilisera donc un grand échantillon pour une couche de base et de petits échantillons pour les nuances. On peut aussi coller plusieurs échantillons d'une même couleur pour obtenir un échantillon plus grand.

Dessins peints

IDEES POUR VOS DESSINS

La nature *vous propose formes et couleurs. Les feuilles d'automne peuvent inspirer des motifs simples et très libres.*

Vous trouverez de l'inspiration pour créer vos dessins en regardant attentivement les formes, les couleurs et les textures qui vous entourent. Vous voudrez peut-être peindre des motifs floraux tout simples qui imiteront ce que vous voyez dans la nature. Ou encore reporter les motifs de votre papier peint sur vos rideaux à l'aide d'un pochoir.

Pour vous aider à choisir les motifs qui vous conviendront le mieux, réfléchissez aux mots qui définissent vos goûts personnels et votre style décoratif. Par exemple, si vous décrivez votre style comme léger, aéré et féminin, essayez des motifs floraux libres dans des tons pastel. Pour un dessin sur mesure, riche et chaleureux, choisissez une couverture aux couleurs chaudes et accueillantes. Pour une décoration claire, audacieuse et nette, vous préférerez peut-être un motif contemporain avec des diagonales.

Jetez un coup d'œil dans les livres de décoration. Etudiez les motifs ethniques qu'on retrouve sur les tissus et les accessoires, comme ceux des tapis tissés et des poteries émaillées. Les publicités, elles-mêmes, présentent les couleurs et les motifs les plus en vogue.

Un plaid *a inspiré ce dessin pour ce dessus de table, à droite. Le motif a été peint à l'aide de rangées espacées régulièrement de ruban-cache pour servir de guide.*

Une frise *sert à créer ce motif au pochoir sur un petit coffre de bois ci-dessous.*

Les livres d'art *proposent un éventail très vaste de motifs. Ci-dessous, un dessin géométrique contemporain orne un pichet stylisé.*

TRANSFERT DE DESSINS

Pour les dessins peints, il faudra tracer le motif sur la surface après l'application de la première couche. On peut transférer des dessins de papiers peints, de tissus, de livres et de toutes sortes de sources (page 28), en suivant quelques principes simples.

La première étape dans le transfert d'un dessin consiste à le dupliquer sur papier. Pour ce faire, couvrez le motif de papier calque et tracez ses contours avec un crayon. Tenez le papier calque face à une source de lumière, comme une fenêtre bien éclairée ou une table éclairée, pour voir nettement les traits. Vous pouvez réaliser une table lumineuse en plaçant une lampe sous une table de verre. En traçant le dessin, vous pouvez le simplifier pour qu'il soit plus facile à peindre, en omettant de petits détails inutiles. Pour agrandir ou réduire un motif, utilisez la méthode du papier millimétré pour dessiner le motif à l'échelle voulue.

Pour de nombreux dessins, une photocopieuse fait des merveilles pour éliminer l'étape du calque, tout en copiant chaque zone ombrée du dessin d'origine et sans simplification. On peut aussi agrandir ou réduire un dessin à l'aide d'une photocopieuse.

Le dessin est ensuite transféré du papier sur la surface à peindre à l'aide de papier carbone en repassant ses contours avec un crayon. Les lignes ainsi tracées indiquent l'emplacement du dessin.

AGRANDIR OU REDUIRE UN DESSIN A L'AIDE DE PAPIER MILLIMETRE

1 Mesurez la longueur du dessin d'origine et choisissez la longueur que vous désirez obtenir; de cela dépend la taille des grilles. Par exemple, du papier à dessin avec des carrés de 6 mm peut servir à reproduire le dessin original. Pour obtenir une version plus grande, utilisez du papier avec des carreaux de 2 cm pour tripler la taille, comme cela est indiqué par les lignes rouges.

2 Placez le papier millimétré sur le dessin d'origine; tracez les contours sur le papier millimétré.

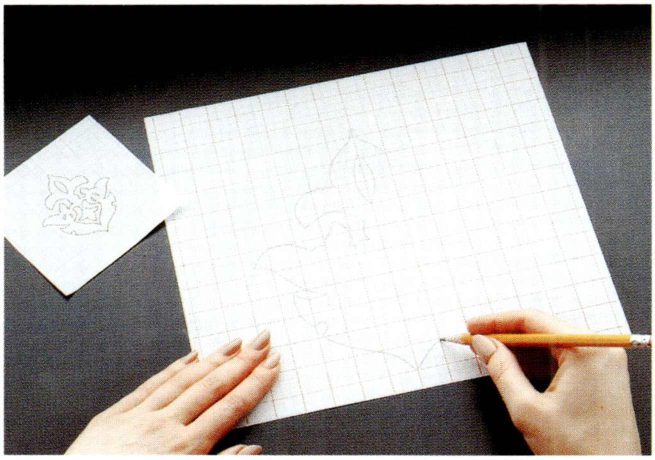

3 Regardez le dessin original et dessinez les lignes dans chaque case selon la taille voulue.

AGRANDIR UN DESSIN AVEC UNE PHOTOCOPIEUSE

1 Dessinez une ligne horizontale et verticale au centre du dessin si la taille finie du dessin ne tient plus sur une simple feuille de papier.

2 Photocopiez chaque partie du dessin en réglant la machine sur le pourcentage désiré.

3 Agrandissez le dessin à l'aide de la copie précédente de chaque zone jusqu'à obtenir la taille désirée.

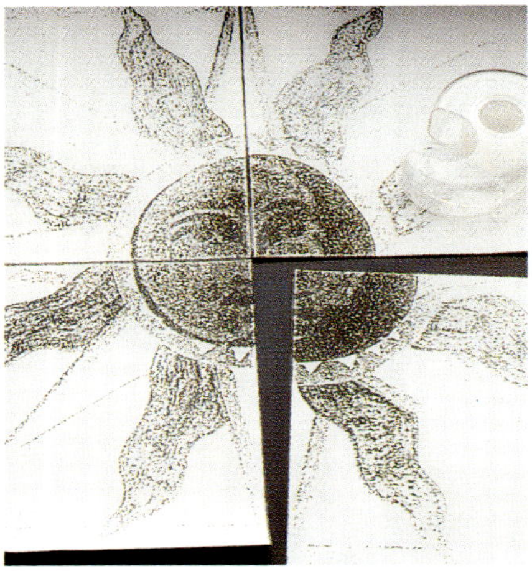

4 Découpez les photocopies en suivant les lignes et collez les morceaux ensemble.

5 Redessinez les lignes sur du papier calque, si nécessaire, pour plus de clarté.

REDUIRE UN DESSIN AVEC UNE PHOTOCOPIEUSE

1 Dessinez une ligne verticale et horizontale au centre du dessin, si la taille de départ du dessin ne tient pas sur une seule feuille de papier qu'on puisse utiliser avec une photocopieuse. Coupez le dessin en suivant les lignes.

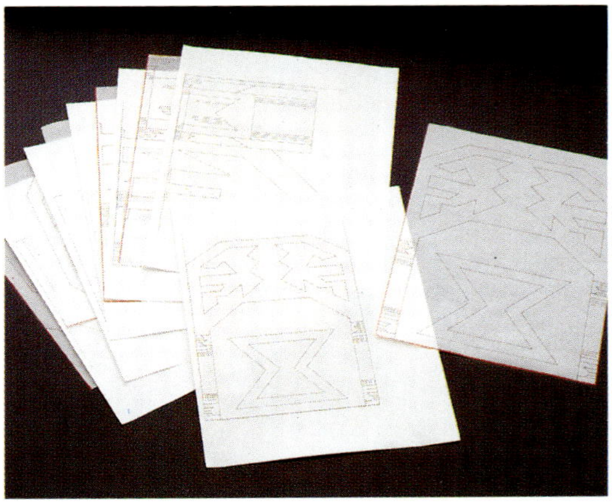

2 Photocopiez chaque partie du dessin en réglant la machine au pourcentage désiré. Repassez les lignes au crayon.

3 Continuez de réduire le dessin en utilisant toujours la copie précédente de chaque partie.

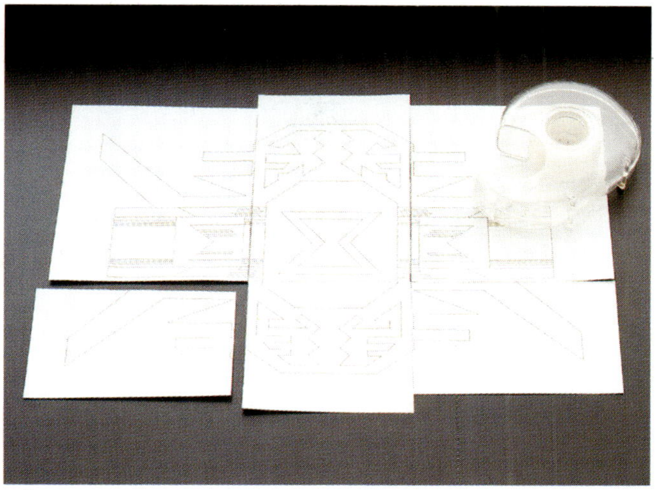

4 Découpez les copies en suivant les lignes; collez les parties ensemble pour obtenir le dessin complet.

TRANSFERER UN DESSIN POUR LE PEINDRE

1 Passez directement au numéro 3 si vous utilisez un dessin photocopié. Placez le papier calque sur le dessin; travaillez sur une surface éclairée, si les lignes sont difficiles à discerner. Pour éviter que le dessin ne glisse, collez-le sur une surface plane; ceci est surtout très utile quand on trace des dessins sur du tissu.

2 Tracez les contours dominants; simplifiez le dessin si nécessaire, en omettant les détails qui seraient trop difficiles ou qui prendraient trop de temps à reproduire. Agrandissez ou réduisez le dessin à l'aide de papier millimétré (voir page 31).

3 Placez le dessin photocopié ou tracé sur une feuille de papier carbone, le côté carbone vers le bas; maintenez en place avec de l'adhésif sur la surface à peindre. Dessinez les contours du dessin à l'aide d'un crayon.

DESSINS GUIDES

Les bandes diagonales et les formes géométriques *peuvent décorer de petits accessoires.*

Des techniques simples utilisant du ruban-cache vous aideront à créer des motifs très réguliers comme des carreaux, des bandes et d'autres dessins géométriques. Choisissez un adhésif qui ne laissera pas la peinture s'infiltrer et qui s'enlèvera sans endommager la sous-couche (page 20). Prenez soin également de ne pas trop diluer la peinture et de l'appliquer en couches fines.

Pour faire des bandes, utilisez le ruban-cache pour diviser la surface en rangées parallèles et obtenir une peinture très précise. Pour les dessins style tartan, les bandes du tartan sont cachées et peintes, une couleur à la fois, d'abord dans une direction, puis dans la direction opposée.

Ce tartan *(ci-dessous) a été peint en protégeant les bandes avec du ruban-cache. Pour ce mur rayé (page opposée), on a eu recours à la même technique.*

ASTUCES POUR PEINDRE DES DESSINS GUIDES

Découpez des dessins géométriques dans du ruban-cache; posez sur la surface en appuyant fort. Appliquez la peinture d'une couleur coordonnée; laissez sécher. Enlevez le ruban-cache pour découvrir les dessins.

Appliquez deux bandes de ruban-cache sur la surface, sur la sous-couche, en appuyant fermement sur les bords. Appliquez la peinture d'une couleur coordonnée entre les bandes. Laissez sécher. Retirez le ruban-cache.

PEINDRE UN DESSIN AVEC DES RAYURES

MATERIEL

- Ruban-cache de la largeur voulue.
- Peintures acryliques qualité décorateur ou latex.
- Pinceau ou rouleau.
- Tissu rayé, si nécessaire, pour s'en inspirer.

1 Appliquez une sous-couche de la couleur désirée. Laissez sécher.

2 Tracez un trait léger au crayon à l'aide d'un niveau de maçon, si le travail est à réaliser sur un mur. Alignez la première bande de ruban-cache sur le trait en appuyant fermement sur les bords.

3 Mesurez et placez des bandes parallèles de ruban-cache pour la première couleur en appuyant sur les bords. Peignez les bandes de cette couleur. Laissez sécher.

4 Retirez le ruban-cache des étapes précédentes. Appliquez des bandes de ruban-cache pour la couleur suivante; appliquez la peinture et laissez sécher.

PEINDRE UN TARTAN

MATERIEL

- Ruban-cache de la largeur désirée.
- Email latex satiné ou moyen pour la sous-couche; peintures acryliques ou latex pour les autres couleurs.
- Pinceau ou rouleau pour appliquer la sous-couche.
- Applicateur avec éponge.
- Tartan, si nécessaire, pour s'en inspirer.

1 Appliquez la sous-couche d'émail latex. Laissez sécher. Pour les murs, tracez une ligne verticale et une ligne horizontale à l'aide d'un niveau de maçon.

2 Appliquez le ruban-cache de la largeur désirée sur la surface en rangées horizontales et parallèles en appuyant fermement sur les bords. Utilisez un tartan comme guide pour espacer les rangées, si nécessaire.

3 Diluez la peinture pour la rendre transparente. Appliquez une fine couche de la couleur voulue sur les zones entre les rangées d'adhésif. Passez un applicateur avec éponge en un mouvement continu, pour obtenir des lignes fines de peinture qui imiteront le tissage du tartan. Laissez sécher; retirez l'adhésif.

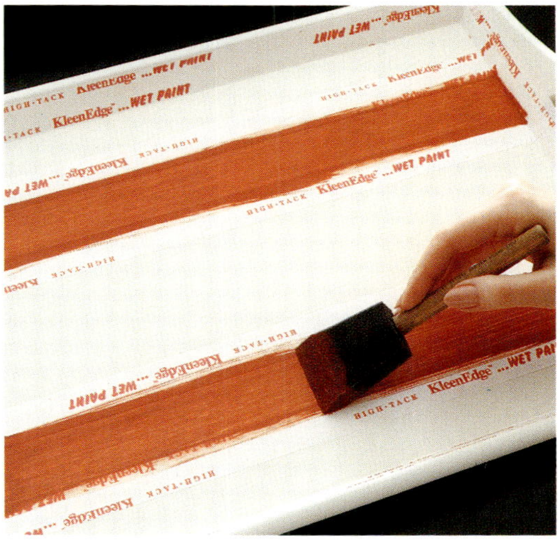

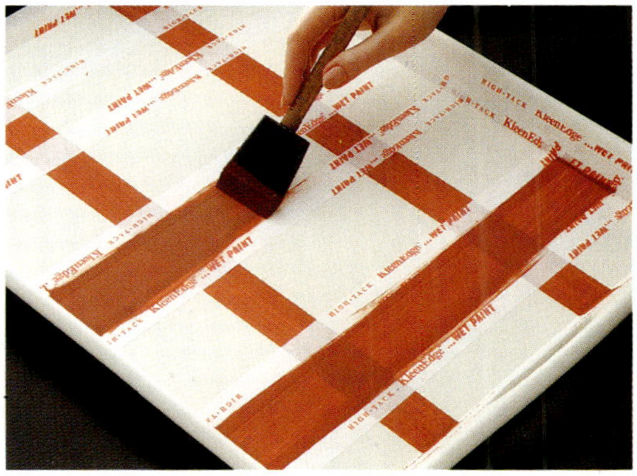

4 Appliquez le ruban-cache sur la surface en rangées verticales et parallèles. Appliquez la même couleur perpendiculairement entre les rangées d'adhésif.

5 Appliquez des rangées horizontales de ruban-cache pour la couleur suivante. Puis appliquez l'adhésif en rangées horizontales et appliquez la même couleur.

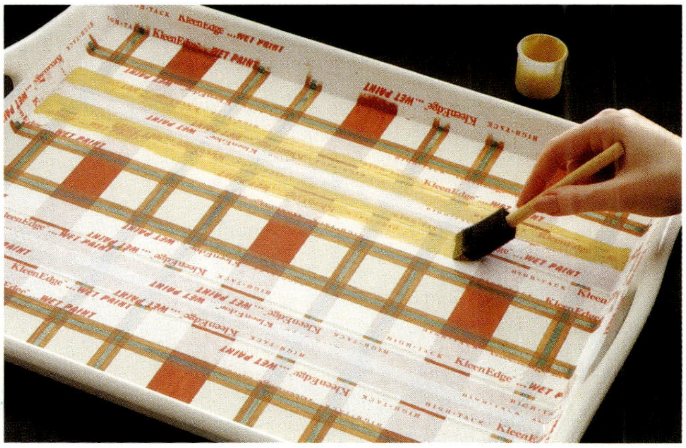

6 Recommencez l'opération avec des bandes horizontales et verticales pour chaque couleur.

DESSINS TOURBILLONNANTS

Les tourbillons de peinture créés en balayant la surface avec le pinceau offrent des résultats intéressants. Les trois motifs faciles à imiter présentés ici sont réalisés avant tout avec des instruments de peintre, tels que des pinceaux, des rouleaux et des applicateurs. Les dessins sont de taille variable.

Choisissez plutôt de peindre les murs au lieu de les couvrir de papier peint, ou peignez vos tissus pour obtenir des coussins stylisés uniques. Pour les petits accessoires, utilisez de petits pinceaux que vous manierez par petites touches.

Faites varier les couleurs en sélectionnant des couleurs différentes pour des coups de pinceau différents. N'oubliez pas que les couleurs sombres ou ternes ont tendance à se renfoncer tandis que les couleurs vives et les peintures métalliques ressortent souvent. Les peintures métalliques, qui reflètent la lumière, donnent de la texture. Pour peindre sur du tissu, utilisez des peintures pour textiles, et reportez-vous aux instructions des pages 64 et 65 pour de meilleurs résultats.

En peignant, passez les coups de pinceau l'un sur l'autre pour donner de la profondeur aux motifs. Les espaces entre les motifs peuvent légèrement varier pour éviter la monotonie. Testez d'abord les couleurs et les techniques avant de commencer vraiment votre projet en peignant un grand morceau de carton ou un reste de tissu.

MATERIEL

- Pinceau rond n° 4, pour un petit motif tourbillonnant.
- Pinceau en éventail n° 4, pinceau plat n° 2 et pinceau rond n° 4, pour un motif tourbillonnant de taille moyenne.
- Pinceau plat de 7,5 cm, rouleau, pinceau rond n° 4, pour un motif tourbillonnant de grande dimension.
- Peinture acrylique.

Les motifs tourbillonnants *sont réalisés avec des coups de pinceau de plusieurs couleurs. Ces dessins peuvent être peints sur les murs (à gauche) ainsi que sur des tissus (ci-dessous).*

PEINDRE UN PETIT MOTIF TOURBILLONNANT

1 Appliquez la première couleur sur la surface en coups de pinceau légèrement incurvés d'environ 10 cm de long et espacés de 10 à 15 cm, à l'aide d'un pinceau rond n° 4. Laissez sécher.

2 Appliquez la seconde couleur en coups de pinceau incurvés d'environ 4 cm de long avec le même pinceau; appuyez moins sur le pinceau afin que les traits soient moins larges. Certains traits doivent chevaucher ceux de la première couleur. Laissez sécher.

3 Appliquez la troisième couleur en traits incurvés d'environ 2,5 cm, à l'aide de l'extrémité du même pinceau. Certains traits doivent chevaucher la première couleur.

PEINDRE UN MOTIF MOYEN TOURBILLONNANT

1 Appliquez la première couleur sur la surface en traits d'environ 10 cm de long à l'aide d'un pinceau en éventail. Laissez sécher.

2 Appliquez la seconde couleur en travers de la première couleur en traits d'environ 15 cm, à l'aide d'un pinceau plat n° 2; variez la position pour éviter la monotonie. Laissez sécher.

3 Appliquez la troisième couleur en traits légèrement incurvés d'environ 4 à 5 cm de long, à l'aide d'un pinceau rond n° 4. Laissez sécher.

4 Mouillez le pinceau en éventail; séchez avec un mouchoir en papier. Séparez les soies en petits bouquets. Trempez environ 6 mm dans la quatrième couleur sans réunir les soies. Appliquez sur la surface par petites touches d'environ 2,5 cm, sans appuyer.

PEINDRE UN GROS MOTIF TOURBILLONNANT

1 Diluez la première couleur, une mesure de peinture pour deux mesures d'eau. A l'aide d'un pinceau de 7,5 cm, appliquez la peinture en traits légèrement incurvés de 18 à 35 cm de long.

2 Diluez la seconde couleur, une mesure de peinture pour une mesure d'eau; étalez une couche fine dans un bac à peinture. Appliquez la peinture sur le rouleau de charge; épongez sur du papier, puis passez sur les traits de l'étape 1. Laissez sécher.

3 Appliquez la troisième couleur en traits incurvés de 15 à 30 cm de long, à l'aide d'un pinceau rond n° 4; passez les coups de pinceau de l'étape 1. Laissez sécher.

4 Appliquez la quatrième couleur par paire de traits, à l'aide d'un pinceau n° 4; passez sur les bords des traits de l'étape 1.

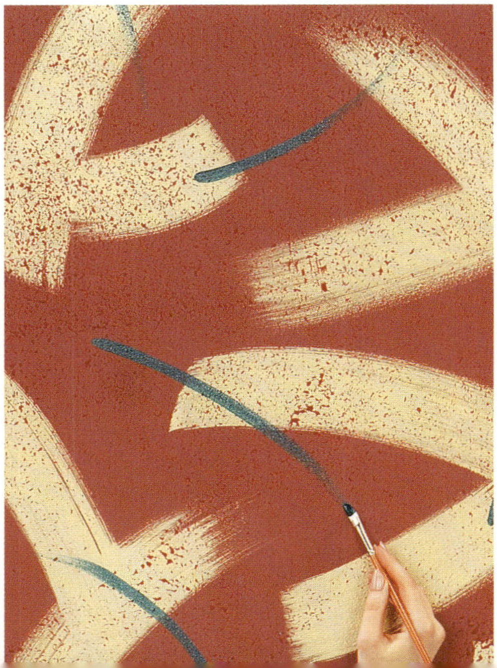

DESSINS IMPRIMES

Utilisez une technique d'impression de base pour créer des dessins libres. Dans les trois exemples présentés ici, on a appliqué la peinture avec des articles de tous les jours comme des bandes de carton, des éponges triangulaires de maquillage, des blocs de bois, une cuillère pour spaghetti et un tire-bouchon.

Les dessins coordonnés sont des variations sur un thème et varient en taille. Choisissez votre motif préféré, ou utilisez-les tous. Quand les tampons servent à créer plusieurs motifs, vous pourrez utiliser les mêmes couleurs, mais de façon différente. La couleur de fond d'un motif pourra être employée, par exemple, pour l'un des tampons dans un autre dessin.

Testez les couleurs et les techniques sur un grand morceau de carton ou sur un reste de tissu avant de vous lancer dans votre projet. Pour peindre sur des tissus, reportez-vous aux astuces proposées pages 64 et 65.

Les motifs imprimés*, appliqués avec des objets de tous les jours, comme des blocs de bois et des bouchons, peuvent être utilisés sur des objets coordonnés, tels que des sets de table et des serviettes (à droite) ou sur un seul accessoire, comme ce coffre à jouets (ci-dessous).*

MATERIEL

- Peintures acryliques qualité décorateur.
- Eponge de maquillage triangulaire et morceaux de carton, pour petits motifs imprimés.
- Bloc carré de bois, carton, éponge de maquillage triangulaire, et cuillère en bois pour spaghetti, pour motifs imprimés de taille moyenne.
- Bloc rectangulaire de bois ou de mousse, bouchon de liège rond, carton, et gomme rectangulaire, pour gros motifs imprimés.

PEINDRE UN PETIT MOTIF IMPRIME

1 Appliquez la première couleur sur une éponge de maquillage triangulaire; épongez sur un mouchoir en papier. Imprimez des triangles sur la surface en les espaçant de 7,5 à 10 cm. Laissez sécher.

2 Découpez un morceau de carton d'environ 4 cm. Appliquez la seconde couleur sur la tranche du carton; épongez. Imprimez sur la surface en changeant la direction des lignes et en chevauchant les triangles. Les lignes peuvent aussi se chevaucher. Laissez sécher.

3 Découpez un morceau de carton d'environ 6,5 cm de long. Appliquez la troisième couleur sur la tranche; épongez et imprimez comme dans l'étape 2.

PEINDRE UN MOTIF IMPRIME DE TAILLE MOYENNE

1 Appliquez la première couleur sur un bloc de bois; épongez sur un mouchoir en papier. Imprimez sur la surface en les espaçant de 5 à 10 cm. Laissez sécher.

2 Pliez un morceau de carton de 12,5 cm en un triangle, et collez un angle; les côtés du triangle n'ont pas besoin d'être égaux en longueur. Appliquez la seconde couleur sur un côté du triangle; épongez. Imprimez sur la surface en variant la direction des triangles et en chevauchant les carrés. Laissez sécher.

3 Appliquez la troisième couleur sur l'éponge de maquillage triangulaire; épongez. Imprimez les triangles sur la surface, en recouvrant les motifs précédents. Laissez sécher.

4 Appliquez la quatrième couleur sur la cuillère pour spaghetti; épongez. Imprimez sur la surface en recouvrant les dessins précédents.

PEINDRE UN GROS MOTIF IMPRIME

1 Appliquez la première couleur sur le bloc rectangulaire de bois ou de mousse; épongez sur un mouchoir en papier. Imprimez en espaçant les rectangles de 10 à 18 cm.

2 Pliez un morceau de carton de 30,5 cm en un triangle comme dans l'étape 2, ci-dessus. Appliquez la seconde couleur sur les bords du triangle; épongez. Imprimez sur la surface en variant la direction des triangles. Laissez sécher.

3 Appliquez la troisième couleur sur le bouchon rond; épongez. Imprimez en chevauchant les autres motifs.

4 Appliquez la quatrième couleur à l'un des côtés longs de la gomme; épongez avec un mouchoir de papier, et imprimez sur la surface en chevauchant les motifs. Laissez sécher. Imprimez avec le bord du carton des petits motifs imprimés.

DESSINS FACILES SANS MODELE

Il est facile de peindre certains dessins simples sans modèle, même si vous ne vous sentez pas l'âme artistique. Vous découvrirez de nombreux dessins possibles en regardant les tissus, les papiers peints et les papiers-cadeaux. Quand vous copierez des dessins, vous pourrez varier légèrement les détails pour mettre en valeur le côté "fait-main" plutôt que d'essayer désespérément de peindre des dessins identiques. Ornez les objets peints de motifs différents pour faire ressortir tous les aspects d'un même objet.

Transférez les dessins un peu compliqués à l'aide des méthodes des pages 31 à 33. Utilisez un pinceau adéquat pour remplir le dessin. En peignant, il n'est pas nécessaire de suivre exactement les contours du dessin.

Dessinez des motifs simples sans modèle à l'aide d'un crayon. Peignez les zones délimitées en laissant sécher la peinture avant de passer à une autre couleur.

D'AUTRES IDEES

Dessinez au crayon les contours des motifs. Remplissez les espaces de peinture; laissez sécher. Puis ajoutez des détails.

Tracez une grille au crayon sur la surface; peignez les lignes à l'aide d'un pinceau fin. Remplissez les espaces en appliquant la peinture légèrement et sans méthode précise.

Divisez une surface vierge en deux parties ou plus; délimitez les zones. Peignez chaque zone avec une couleur et un motif différents.

Peignez différents motifs dans chaque partie des pieds d'une table ou d'une tête de lit.

LES POCHOIRS

Avec des dessins au pochoir, vous mettrez en valeur un coin dans une pièce ou des détails architecturaux, tels qu'une frise. Il existe toute une gamme de pochoirs prédécoupés dont les prix varient grandement selon la complexité du dessin en général. Mais vous pouvez aussi réaliser vous-même vos pochoirs en utilisant du papier calque. Pour obtenir des pochoirs coordonnés avec votre décoration d'intérieur, inspirez-vous des motifs du papier peint, des tissus d'ameublement ou des objets décoratifs. Utilisez une photocopieuse pour agrandir ou réduire les motifs selon vos désirs.

Dans le cas de motifs multicolores, il est souvent nécessaire d'avoir un pochoir par couleur. La plupart des pochoirs prédécoupés se présentent sous forme de plusieurs feuilles, une par couleur, et sont numérotés selon l'ordre d'utilisation. Un seul pochoir peut servir à différentes couleurs si les espaces entre les différentes parties du dessin sont assez larges pour être couverts de ruban-cache. Quand vous peignez au pochoir des dessins multicolores, appliquez d'abord la zone la plus grande. Quand vous en viendrez aux bords, il vaut mieux appliquer toutes les touches de la première couleur avant d'appliquer la seconde.

Avant de commencer un projet, décidez soigneusement de l'emplacement du dessin. Tracez le dessin sur du papier et collez-le sur la surface pour juger de l'effet. Les motifs de frises avec des répétitions évidentes, comme des drapés ou des nœuds, nécessitent une attention toute particulière afin d'éviter tout motif partiel. Si vous peignez au pochoir une frise, son emplacement dépendra de la position des éléments de la pièce, comme les fenêtres, les portes et les aérations. Il vaut toujours mieux commencer à l'endroit le plus visible; l'intervalle entre les répétitions d'une frise peut être légèrement modifié, si nécessaire.

Utilisez des pinceaux à pochoir rigides de bonne qualité et de la taille adéquate pour la zone à peindre de cette manière. Utilisez un pinceau différent pour chaque couleur, ou nettoyez le pinceau et laissez-le sécher avant de le réutiliser.

Pour peindre des surfaces dures, comme des murs et des boiseries, utilisez de la peinture acrylique mélangée à un diluant, deux mesures de peinture pour une mesure de diluant. Le temps de séchage sera ainsi plus long pour vous permettre de mieux contrôler les couleurs. Vous pouvez peindre au pochoir sur une surface propre et peinte ou sur du bois fini. Dans ce dernier cas, appliquez un vernis clair sur toute la surface après avoir imprimé votre dessin.

Pour peindre au pochoir sur du tissu, utilisez des peintures pour textiles ou mélangez deux mesures de peinture acrylique et une mesure de médium textile. Dans les deux cas, le tissu ne se raidira pas. Suivez les indications du fabricant pour thermofixer les peintures. Choisissez des tissus avec au moins 50 % de coton pour une bonne pénétration de la peinture. Evitez les tissus délicats ou avec une protection spéciale. Prélavez les tissus pour éliminer tout apprêt.

Avant de commencer vraiment le projet, exercez-vous à peindre votre dessin au pochoir sur du papier pour vous familiariser avec la manipulation de la peinture et avec les effets de tons que vous pouvez obtenir.

MATERIEL

FOURNITURES GENERALES

- Pochoir prédécoupé ou personnalisé.
- Peintures acryliques qualité décorateur.
- Diluant de peinture acrylique.
- Pinceaux pour pochoir.
- Assiettes jetables.
- Adhésif pour pochoir.
- Adhésif en vaporisateur, en option.

POUR POCHOIRS PERSONNALISES

- Feuilles de papier calque.
- Cutter.
- Surface pour couper, telle que du carton ou une planche à découper.
- Crayons de couleur; marqueurs indélébiles à pointe fine.

REALISER UN POCHOIR PERSONNALISE

1 Tracez le dessin en l'agrandissant ou en le réduisant (pages 31 à 33). Reproduisez le motif sur 33 à 46 cm de long en vous assurant que l'intervalle entre chaque répétition soit assez important.

2 Colorez le dessin tracé comme vous le désirez en utilisant des crayons de couleur. Tracez bien les lignes de position.

3 Placez une feuille de papier calque sur le dessin en laissant au moins 2,5 cm de marge en haut et en bas; fixez avec de l'adhésif. Tracez les zones qui seront peintes avec la première couleur à l'aide du marqueur; décalquez les lignes de position.

4 Tracez les zones du dessin selon chaque couleur en utilisant une feuille de papier calque par couleur. Dessinez les contours des zones peintes.

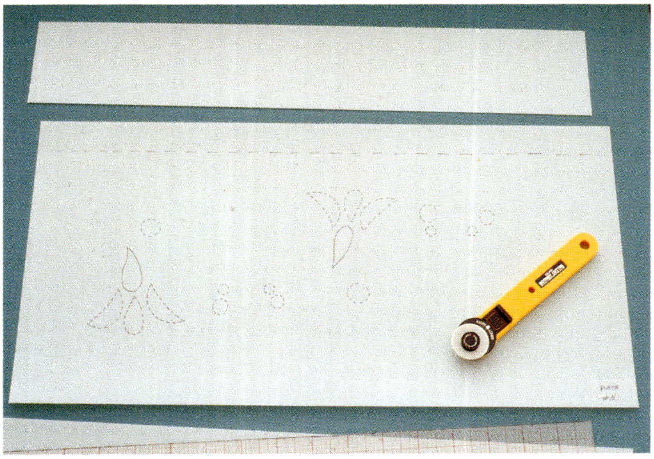

5 Superposez les feuilles de papier calque et vérifiez le travail. A l'aide d'un cutter et d'un guide, coupez les bords extérieurs des pochoirs en laissant 2,5 à 7,5 cm de marge autour du dessin.

6 Découpez les zones délimitées sur chaque feuille à l'aide du cutter; découpez d'abord les plus petites formes, puis les plus grandes. Amenez le cutter vers vous en faisant tourner la feuille pour changer de direction.

PEINDRE AU POCHOIR SUR LES MURS, LE BOIS ET AUTRES SURFACES RIGIDES

1 Marquez l'emplacement du pochoir sur la surface avec de l'adhésif. Placez le premier pochoir en alignant les pointillés sur l'adhésif. Fixez le pochoir.

2 Mélangez deux mesures de peinture acrylique et une mesure de diluant de peinture acrylique sur une assiette jetable.

3 Trempez l'extrémité du pinceau pour pochoir dans le mélange. En effectuant un mouvement circulaire, séchez les soies sur un mouchoir en papier plié.

4 Tenez le pinceau perpendiculairement à la surface. Appliquez légèrement le pinceau en un mouvement circulaire sur une zone vierge du pochoir; si les coups de pinceau sont visibles, séchez sur un mouchoir.

5 **Méthode circulaire.** Tenez le pinceau perpendiculairement à la surface, et appliquez la peinture en un mouvement circulaire dans les zones découpées du pochoir. Vous obtiendrez une peinture bien fondue.

5 **Méthode du pointillage.** Appliquez un morceau de ruban-cache autour des soies, à environ 6 mm de l'extrémité. Tenez le pinceau perpendiculairement à la surface, et appliquez la peinture en effectuant un mouvement de haut en bas. Vous obtiendrez une peinture recherchée sur des surfaces dures.

6 Peignez au pochoir toutes les zones découpées; laissez sécher. Fixez le second pochoir sur la surface en adaptant les motifs. Appliquez la seconde couleur dans toutes les zones découpées. Recommencez avec tous les pochoirs.

7 Faites toutes les retouches nécessaires sur la surface en utilisant la peinture de fond.

PEINDRE AU POCHOIR SUR DU TISSU

1 Prélavez le tissu pour éliminer tout apprêt. Placez le tissu, côté à peindre vers le haut, sur du papier de verre grain moyen, afin qu'il ne glisse pas. Enveloppez un morceau de ruban-cache autour du pinceau pour pochoir à environ 6 mm de l'extrémité.

2 Appliquez la peinture sur le tissu à l'aide du pinceau pour pochoir et en utilisant la méthode du pointillage, comme à la page 53, étapes 1 à 7.

3 Thermofixez la peinture quand elle est bien sèche en suivant les instructions du fabricant; certaines peintures doivent être repassées sur l'envers du tissu.

TECHNIQUES POUR DESSINS OMBRES

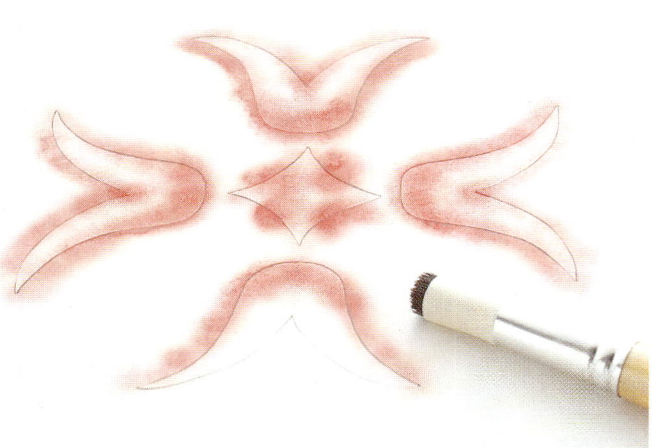

Appliquez la peinture sans insister au milieu. Pour obtenir un effet un peu effacé, appuyez plus à la base du motif et relâchez vers le haut.

Appliquez la peinture en ombrant les bords extérieurs des zones découpées avec une couleur complémentaire ou plus sombre.

Appliquez la peinture sur les bords extérieurs dans les zones découpées; laissez sécher. Avec un morceau de papier calque, recouvrez une partie du dessin et appliquez la peinture près du bord du calque; couvrez par exemple le tiers d'une feuille pour peindre au pochoir les nervures.

NETTOYER LES PINCEAUX ET LES POCHOIRS

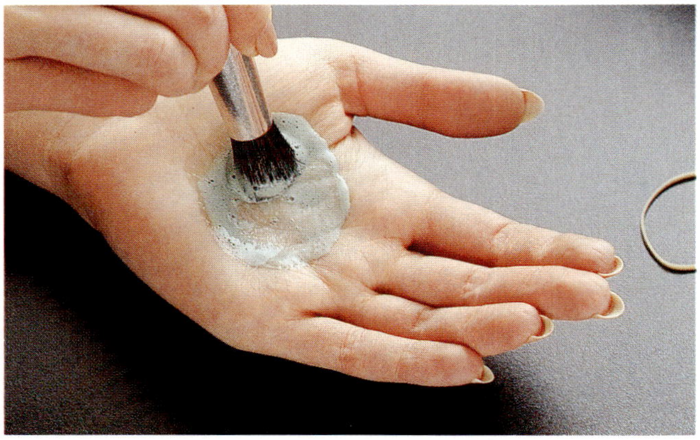

Lavez les pinceaux avec un peu de liquide vaisselle tout de suite après avoir fini de peindre. Frottez les soies dans votre paume en un mouvement circulaire, jusqu'à ce que toute la peinture ait disparu. Rincez; mettez un élastique autour des soies et séchez.

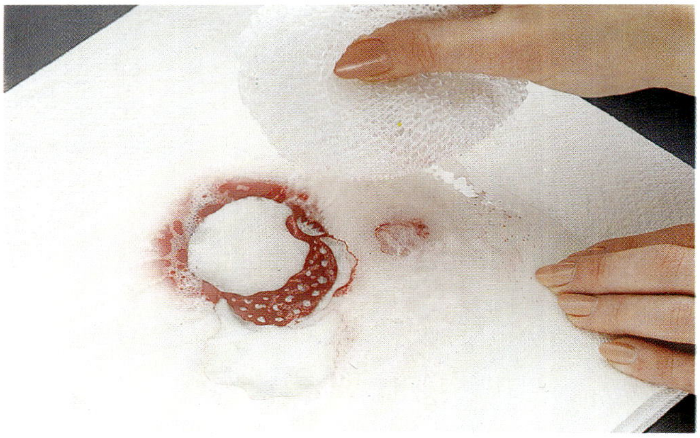

Nettoyez le pochoir à plat à l'aide d'un tampon-grattoir de nylon, de liquide vaisselle et d'eau chaude. En prenant soin de ne pas endommager les bords découpés, frottez en un mouvement circulaire jusqu'à disparition de la peinture. Rincez et séchez.

D'AUTRES IDEES POUR DESSINS AU POCHOIR

***Ce plateau** orné de piments a été peint au pochoir.*

***Cette colonne** peinte au pochoir reprend les motifs de la plinthe pour coordonner la décoration.*

Les détails architecturaux *seront mis en valeur grâce à des frises peintes au pochoir.*

Cette chaise rustique *s'orne de dessins coordonnés sur le dossier de bois et le coussin.*

Ce pare-feu *présente une peinture au pochoir très élaborée de feuilles de marronnier.*

DESSINS DECOUPES

Ce mur *nappé de lavis est orné de chérubins découpés.*

Le découpage est l'art de décorer des surfaces avec des collages, puis de les recouvrir d'une finition transparente. On peut ainsi créer des dessins très élaborés sur des meubles, des accessoires et des murs. Si vous désirez une décoration compliquée sans trop de travail, faites des photocopies noir et blanc des dessins et découpez-les. Puis appliquez un lavis de couleur sur le découpage en utilisant un glacis de peinture (page 88) en harmonie avec l'arrière-plan. Quand le dessin découpé est terminé, la fine couche de papier se fond dans la surface du mur ou de l'accessoire.

Pour donner plus de couleur ou de lumière au dessin, vous pouvez aussi passer de la peinture acrylique diluée. Vous pourrez ainsi donner de la couleur à des dessins découpés, tels qu'un bouquet de fleurs ou une grappe de ballons.

Avant de coller, passez un lavis de couleur sur le mur ou l'accessoire. Un lavis de couleur (page 88) est un arrière-plan particulièrement attrayant et permet au dessin découpé de se fondre dans le décor en douceur. Les livres de décoration vous inspireront des dessins à partir de détails architecturaux et de gravures du dix-huitième siècle. Pour une approche plus légère, utilisez les publicités ou les bandes dessinées.

Cette étagère de bois *est décorée d'un découpage de dessins géométriques tribaux et apporte une touche primitive.*

***Ce meuble** (à droite) est agrémenté d'une nature morte de fruits et de fleurs. Le dessin découpé est rehaussé de plusieurs couleurs qui attirent l'œil.*

DECOUPAGES AVEC UN DESSIN PHOTOCOPIE

MATERIEL

- Peinture émaillée latex satiné, pour sous-couche d'un mur ou accessoire passé au lavis.
- Peinture latex pour glacis.
- Retardateur de peinture latex.
- Adhésif mural.
- Applicateur avec éponge.
- Pinceau dur et pinceau soies naturelles.
- Peinture acrylique qualité décorateur dans les couleurs voulues, pour mise en valeur, si nécessaire.
- Petits ciseaux pointus ou cutter.

1 Mélangez le glacis et nappez le mur ou l'accessoire avec le lavis de couleur, comme à la page 88. Laissez sécher.

2 Faites des photocopies des dessins en les agrandissant à la taille désirée.

3 Découpez le dessin à l'aide de petits ciseaux pointus ou d'un cutter.

4 Diluez l'adhésif mural avec une quantité égale d'eau; appliquez une couche régulière sur l'envers du découpage à l'aide d'un applicateur avec éponge.

5 Collez la photocopie sur la surface en la lissant du centre vers les bords à l'aide d'un pinceau sec et raide. Laissez sécher.

6 Appliquez une couche fine avec le reste du glacis de couleur à l'aide d'un pinceau soies naturelles; faites fondre le glacis dans la surface passée au lavis. Laissez sécher.

7 Ajoutez les couleurs ou les nuances au dessin en utilisant de la peinture acrylique diluée; si nécessaire, diluez la peinture.

Peintures et glacis spéciaux

PEINDRE DES TISSUS

On peut peindre les tissus pour créer des décors uniques coordonnés à votre décoration intérieure. Pour vous assurer que la peinture résistera et que le tissu restera souple, utilisez des peintures pour textile ou des peintures acryliques avec un médium textile; le médium textile permet à la peinture de pénétrer les fibres et d'obtenir des dessins peints permanents et lavables. Evitez une application lourde de peinture qui raidirait le tissu.

Avant de peindre des tissus lavables, retirez tout apprêt du tissu en le lavant sans adoucisseur; puis repassez-le pour éliminer les plis. Afin d'éviter que le tissu ne glisse pendant que vous peignez, fixez-le avec du ruban adhésif à la surface ou posez-le sur du papier de verre. Si vous peignez un article fini, comme une housse de couette ou une taie d'oreiller, placez un film de plastique sous le côté que vous peignez.

Une fois le tissu peint, thermofixez les peintures en suivant les instructions du fabricant. Ceci se fait en général en repassant le tissu avec un fer chaud et un chiffon qui servira de tampon.

SUGGESTIONS POUR PEINDRE SUR TISSU

Les techniques suivantes sont parfaitement adaptées pour peindre sur tissu:

Dessins guidés (page 35);
Dessins tourbillonnants (page 39);
Dessins imprimés (page 42);
Dessins au pochoir (page 50);
Peindre à l'éponge (page 84).

Des motifs et des rayures *servent à créer les tissus coordonnés présentés ici. Dans le cas du tissu de gauche, on a utilisé du ruban-cache pour guider l'application de peinture en rayures (page 36). Pour le tissu de droite, des formes géométriques découpées dans du ruban-cache ont été collées sur le tissu, puis on a passé la peinture avec un rouleau à grain; le centre des formes a été peint avec un petit pinceau.*

Ces rideaux peints à la main *allient la technique de peinture de rayures (page 36) et celle de peinture à l'éponge (page 84).*

PEINDRE SUR TISSU

1 Prélavez le tissu pour retirer tout apprêt, si le tissu est lavable; repassez le tissu pour lisser les plis.

2 Mélangez la peinture acrylique avec le médium textile dans les proportions conseillées par le fabricant; ou choisissez les peintures pour tissus prêtes à utiliser. Appliquez la peinture sur le tissu.

3 Thermofixez les peintures en suivant les instructions du fabricant; ceci se fait en général en repassant le tissu à l'aide d'un fer chaud et d'un chiffon.

PEINDRE DE LA CERAMIQUE

Les céramiques émaillées peuvent être peintes à la main pour coordonner la décoration d'une pièce. Pour peindre les céramiques, il est important que vous prépariez la surface en appliquant une sous-couche conseillée pour surfaces brillantes ou que vous utilisiez les peintures spécialement conçues pour peindre la céramique. Dans les deux cas, il est inutile de poncer la surface pour la dépolir avant de peindre.

Si vous utilisez une sous-couche spéciale surfaces brillantes, comme un apprêt cache-taches (page 19), l'objet de céramique peut être peint avec de la peinture latex ou acrylique; les peintures brillantes sont conseillées si vous désirez conserver le satiné de la céramique émaillée. La peinture adhère bien à la céramique, si on a choisi l'apprêt adéquat.

Une autre méthode consiste à utiliser l'une des peintures pour céramique applicables directement sur la céramique émaillée sans apprêt. Ces peintures à base d'eau durcissent à chaud dans un four à basse température pour améliorer un peu plus leur durabilité, adhérence et résistance à l'eau. Les peintures pour céramique personnalisent un objet en lui conférant un aspect inimitable. Elles sont plus ou moins transparentes, et certaines sont plus faciles à utiliser si elles sont diluées; pour une durabilité maximale, diluez les peintures avec un médium clair destinĕ à la peinture pour céramiques. Vous pourrez aussi étaler les peintures finement, laissant apparaître les coups de pinceau, pour mettre en valeur la qualité fait-main du dessin.

Utilisez les peintures pour céramique pour les objets décoratifs, comme les vases ou les assiettes. Même si ces peintures ne sont pas toxiques, il vaut mieux ne pas les utiliser sur des ustensiles qui seraient directement en contact avec les aliments. Pour de meilleurs résultats, lavez à la main et à l'eau tiède les céramiques peintes avec un détergent doux.

DEUX METHODES POUR PEINDRE

Méthode avec apprêt et peinture acrylique ou latex. Appliquez un apprêt conseillé pour surfaces brillantes; laissez sécher. Peignez sur l'apprêt avec la peinture latex ou acrylique; on peut utiliser toutes les techniques de peinture conseillées pour la peinture latex ou acrylique.

Méthode avec peinture pour céramique. Utilisez la peinture pour céramique en l'appliquant directement sur la surface émaillée; utilisez la technique de peinture voulue, la peinture au pochoir par exemple (page 50). Laissez sécher. Faites durcir la peinture au four à basse température.

Cette lampe imitation onyx *a été peinte avec un apprêt conseillé pour surfaces brillantes, puis avec une finition imitation onyx, comme aux pages 106 et 107.*

Les carreaux peints au pochoir *de ce dessus de table ont été faits avec de la peinture pour céramique. Ces dessins ont été réalisés avec des pochoirs stylisés, comme aux pages 50 à 53, et les peintures ont ensuite été durcies à chaud.*

D'AUTRES IDEES POUR PEINDRE SUR CERAMIQUE

Cette théière nappée de lavis *a été peinte avec un pinceau en éventail. Pour obtenir cet effet, appliquez très peu de peinture en croisant vos coups de pinceau.*

Ces dessins tourbillonnants *(page 39) stylisent ces bougeoirs en verre transparent et un rond de serviette coordonné. Dans cet exemple, on a utilisé des peintures pour céramique.*

Cette assiette de verre *est mise en valeur avec des peintures transparentes pour céramique. Les peintures ont été appliquées par-dessous.*

Ces vieilles boîtes *ont été rajeunies en les peignant avec un apprêt adapté aux surfaces brillantes, puis avec de la peinture latex. Des dessins exécutés sans modèle (page 46) ajoutent une note gaie.*

PEINDRE AVEC DES GLACIS

De nombreux types de peinture décorative nécessitent l'usage d'un glacis obtenu en ajoutant un retardateur (page 16) ou un épaississeur (page 17) à la peinture. Avec ces médiums, le temps de séchage est accru, laissant plus de temps pour manipuler la peinture avant qu'elle ne sèche. Humide, un glacis a une texture crémeuse et forme une couche supérieure transparente, une fois sec.

Les glacis de peinture étaient constitués, à l'origine, de peintures à l'huile mélangées avec du glacis à l'huile. Ces glacis étaient difficiles à utiliser et à nettoyer, et nocifs. Par opposition, les glacis acryliques ou latex à base d'eau sont plus faciles à utiliser, plus sains pour l'utilisateur et l'environnement, et moins onéreux.

Dans ce chapitre, le glacis de base (ci-dessous, à droite) est utilisé pour plusieurs types de peinture décorative, dont les stries, les effets de peigne, de chiffon roulé ou de texture, et parfois, les effets d'éponge. On modifie légèrement le glacis pour un lavis de couleur (page 88), une imitation de l'ancien (page 90), une imitation bois (page 116) et une imitation de moiré (page 122).

TECHNIQUES POUR PEINDRE AVEC GLACIS

Les stries (page 72) sont un effet qu'on obtient en passant un pinceau soies naturelles sur une couche humide de glacis.

L'effet de peigne (page 74) produit aussi des stries en passant un peigne dans un glacis humide. Pour cette technique, vous pouvez utiliser un des peignes disponibles dans les magasins d'art, mais vous pouvez aussi fabriquer un peigne en coupant des sillons en V dans une raclette en caoutchouc ou dans un morceau de carton rigide. Utilisez le glacis de base pour peigner, ou, pour obtenir des lignes plus distinctes et un effet plus opaque, utilisez un glacis épaissi (page 74).

En roulant un chiffon (page 77), la surface prendra un aspect pommelé. On obtient différents effets selon la méthode utilisée. Dans la première méthode, on trempe un chiffon dans le glacis, on le tord et on le frotte au hasard sur la surface. Dans la deuxième méthode, on applique une couche de glacis sur une sous-couche; puis on roule un chiffon sur le glacis humide.

L'effet de texture (page 80) a recours à de nombreux articles domestiques qui sont passés sur la surface, imprimés ou roulés pour créer un motif sur le glacis. Les articles comprennent du carton ondulé, de l'étamine, du papier d'emballage plastique et du papier froissé. Comme dans le cas du chiffon roulé, vous pouvez appliquer le glacis directement sur l'article, puis passez ce dernier sur la surface. Vous pouvez aussi passer l'article sur une couche de glacis humide appliqué sur une sous-couche de peinture.

Parmi les finitions *avec glacis, on compte l'effet de peigne (orange), l'effet du chiffon roulé (vert), l'effet de texture (violet) et les stries (doré).*

ASTUCES POUR UTILISER UN GLACIS

Utilisez un rouleau pour appliquer le glacis quand vous désirez couvrir uniformément ou quand la surface est grande.

Utilisez un pinceau pour appliquer le glacis quand vous souhaitez une finition avec de nombreux motifs ou quand vous peignez un petit objet.

Utilisez un applicateur avec éponge quand vous voulez une couverture lisse ou quand vous peignez un petit objet.

Manipulez le glacis tant qu'il est humide. Le glacis peut en général être manipulé pendant quelques minutes.

Travaillez avec un assistant quand vous utilisez un glacis sur une grande surface. Tandis qu'une personne applique le glacis, l'autre le manipule.

Protégez la zone environnante avec un drap ou une bâche plastique et habillez-vous avec de vieux vêtements.

Utilisez de l'adhésif large de peintre (page 20) pour protéger les surfaces environnantes. Frottez fermement les bords de l'adhésif.

GLACIS DE BASE

Mélangez les ingrédients suivants:

peinture acrylique qualité décorateur ou latex de la brillance voulue;
une mesure de retardateur latex;
une mesure d'eau.

STRIES

Les stries sont des traits irréguliers dans un motif linéaire créés en utilisant un glacis de peinture. Tout particulièrement adaptée aux murs, cette technique peut aussi être utilisée pour des meubles avec des côtés plats.

Pour cette technique, utilisez le glacis de base et les instructions de la page 71. Pour obtenir des stries, passez un pinceau soies naturelles sec et large sur un glacis encore humide. Avant que le glacis ne sèche, on pourra adoucir les lignes en passant légèrement à la surface un pinceau doux et sec en soies naturelles.

Pour de grandes surfaces, il est utile de travailler avec quelqu'un. Quand une personne a appliqué le glacis, l'autre passe le pinceau sur le glacis avant qu'il ne sèche pour obtenir l'effet strié. Si vous travaillez seul, limitez-vous à de petites zones, si possible, car le glacis doit être humide pour créer cet aspect. S'il est nécessaire d'interrompre le processus, n'arrêtez que lorsque vous aurez fini une zone.

Frottez fermement les bords de l'adhésif pour vous assurer que le glacis ne s'infiltrera pas en dessous.
Les stries se prêtent parfaitement aux colorations ton sur ton, comme l'ivoire sur le blanc ou les tons de bleu, même si le choix de couleur n'est pas limité à ce style. Pour vous familiariser avec la technique et essayer les couleurs, appliquez d'abord la finition sur un morceau de carton.

APPLIQUER UNE FINITION AVEC STRIES

MATERIEL

- Email latex satiné de la couleur voulue pour la sous-couche.
- Peinture latex de la brillance et couleur voulues pour le glacis.
- Retardateur de peinture latex.
- Pinceau large en soies naturelles.
- Pinceau doux en soies naturelles.

1 Préparez la surface (page 22). Appliquez la sous-couche d'émail latex; laissez sécher. Mélangez le glacis (page 71); appliquez sur la sous-couche dans une zone verticale d'environ 46 cm de large, avec un rouleau ou un pinceau.

2 Passez un pinceau large et sec sur le glacis humide tout de suite après avoir appliqué le glacis; travaillez de haut en bas. Pour garder le pinceau bien rigide, tenez les soies du pinceau contre la surface. Continuez jusqu'à obtenir l'effet désiré.

3 Essuyez le pinceau de temps en temps avec un chiffon propre et sec pour retirer l'excédent de glacis et pour obtenir des stries uniformes.

4 Brossez légèrement la surface après que le glacis a séché pendant environ 5 minutes, si on désire des lignes plus douces.

EFFET DE PEIGNE

L'effet de peigne est une technique de peinture décorative qui est utilisée depuis de nombreuses années, comme l'attestent les innombrables objets anciens décorés de cette façon. Pour cette technique, un glacis de peinture est appliqué sur une sous-couche. On crée des lignes ou rayures étroites dans la finition en passant les dents d'un peigne dans le glacis, enlevant ainsi un peu de glacis pour révéler la sous-couche de peinture. Pour obtenir un effet plus prononcé, la couleur du glacis pourra former un contraste vif avec la sous-couche.

Les peignes de caoutchouc disponibles dans les magasins d'art donnent de bons résultats avec cette finition. On trouve aussi des peignes métalliques, mais leurs dents rigides pourraient abîmer la sous-couche. Si vous le voulez, vous pourrez fabriquer votre propre peigne en découpant des sillons en V dans une raclette en caoutchouc ou dans un carton rigide.
On peut créer toutes sortes de motifs peignés, comme des vagues, des festons, des enchevêtrements, des zigzags et des entrelacs. Si vous n'êtes pas satisfait d'un motif particulier, vous pouvez effacer le glacis encore humide, puis appliquer de nouveau. Vous pouvez aussi lisser le glacis avec un pinceau, puis le peigner avec un motif différent.

Vous pouvez utiliser le glacis de base, de l'eau et du retardateur, ou alors un glacis épaissi de peinture et un épaississeur. Le glacis de base produit un aspect plus transparent et donne de bons résultats sur les murs et autres surfaces sans ajouter de texture à la surface. Le glacis épaissi donne un aspect opaque avec plus de lignes distinctes et plus de texture; certains épaississeurs peuvent faire des bulles dans le mélange de peinture, mais ces bulles disparaîtront à l'application.

Afin de peigner le glacis encore humide, appliquez-le sur une petite zone à la fois. Il est important d'essuyer le peigne après chaque passage pour éviter l'accumulation. Reportez-vous à la page 71 pour plus d'informations sur le travail des glacis.

Les outils à peigner (peigne en caoutchouc **(a)**) peuvent être achetés. Sinon, prenez un cutter pour couper des sillons en V dans une raclette en caoutchouc **(b)** ou un carton rigide **(c)**.

GLACIS DE BASE

Mélangez les ingrédients suivants:

une mesure de peinture latex ou acrylique qualité décorateur de la brillance voulue;
une mesure de retardateur de peinture latex;
une mesure d'eau.

GLACIS EPAISSI

Mélangez les ingrédients suivants:

deux mesures de peinture latex ou acrylique de la brillance voulue;
une mesure d'épaississeur acrylique (bien qu'il soit fait pour être utilisé avec des peintures acryliques, il peut aussi servir avec la peinture latex).

APPLIQUER UNE FINITION AVEC EFFET DE PEIGNE

MATERIEL

- Peinture émaillée latex satiné de la couleur voulue, pour la sous-couche.
- Peinture latex ou acrylique de la brillance et couleur désirées, pour le glacis.
- Retardateur de peinture latex pour le glacis de base; ou épaississeur de peinture acrylique, pour un glacis épaissi.
- Pinceau, rouleau ou applicateur avec éponge.
- Peignes, page opposée.
- Finition claire ou vernis acrylique clair en aérosol.

1 Appliquez la sous-couche d'émail latex en utilisant un applicateur avec éponge, un pinceau ou un rouleau. Laissez sécher.

2 Mélangez le glacis de base ou épaissi (page opposée); appliquez sur une petite zone à la fois, en utilisant un applicateur avec éponge, un pinceau ou un rouleau. Passez le peigne dans le glacis humide pour créer le motif. Laissez sécher.

CHIFFON ROULE

Cette technique donne une texture riche et un aspect pommelé. Elle est parfaitement adaptée aux murs et autres surfaces plates, comme le dessus des commodes, les tiroirs, les étagères, les serre-livres et les portes. Le glacis de base de la page 71 peut être utilisé dans l'une ou l'autre des deux techniques du chiffon roulé.

Dans le premier cas, on trempe un chiffon dans le glacis de peinture préparé, on le tord, on le roule, puis on le passe sur la surface sur laquelle on aura appliqué une couche de peinture émaillée latex satiné mat. Passez sur une seule application de glacis pour un motif audacieux. Pour une décoration plus subtile et fondue, passez le chiffon sur deux applications ou plus de glacis.

Dans le second cas, appliquez une couche de glacis sur la sous-couche à l'aide d'un pinceau ou d'un rouleau; puis passez le chiffon en le faisant rouler sur le glacis humide pour retirer un peu de glacis. On peut répéter ce processus pour un fondu plus important, mais il faut travailler vite, car le glacis sèche rapidement.

Si vous utilisez la deuxième méthode sur de grandes surfaces, comme des murs, il est utile d'être aidé. Quand une personne a fini de passer le glacis, l'autre peut passer le chiffon avant que le glacis ne sèche. S'il n'est pas nécessaire de finir toute une pièce en une seule fois, il faut, en revanche, finir un pan de mur.

Dans les deux cas, essayez la technique et les couleurs que vous voulez utiliser sur un grand morceau de carton avant de commencer vraiment. On choisit en général une couleur plus claire pour la sous-couche et une couleur plus foncée pour le glacis.

N'hésitez pas à faire des expériences avec la technique quand vous la testez, en faisant rouler, par exemple, le chiffon dans deux glacis de couleurs différentes sur la sous-couche. Vous pouvez aussi protéger une zone avec de l'adhésif, et passer un chiffon d'une seconde ou d'une troisième couleur dans la zone protégée.

Dans la mesure où le travail avec glacis peut être salissant, appliquez de l'adhésif de peintre tout autour de la zone de travail et protégez les surfaces environnantes. Portez de vieux vêtements et des gants de caoutchouc, et gardez un vieux torchon à portée de la main pour essuyer vos mains après avoir tordu les chiffons.

MATERIEL

- Peinture émaillée latex satiné, pour la sous-couche.
- Peinture latex ou acrylique qualité décorateur et retardateur pour peinture latex, pour le glacis; 1 litre de chaque suffit pour les murs d'une pièce de 3,7 x 4,3 m.
- Seau à peinture; gants de caoutchouc; vieux torchon; chiffons qui ne peluchent pas d'environ 60 cm^2.

Sur la page de gauche, la technique du chiffon trempé a servi à décorer les murs puis le vase. Le dessus de table ci-dessus a été peint en passant un chiffon sur le glacis humide.

APPLIQUER UNE FINITION AVEC UN CHIFFON ROULE TREMPE DANS LE GLACIS

1 Préparez la surface (page 22). Appliquez la sous-couche à l'aide d'un pinceau ou d'un rouleau. Laissez sécher.

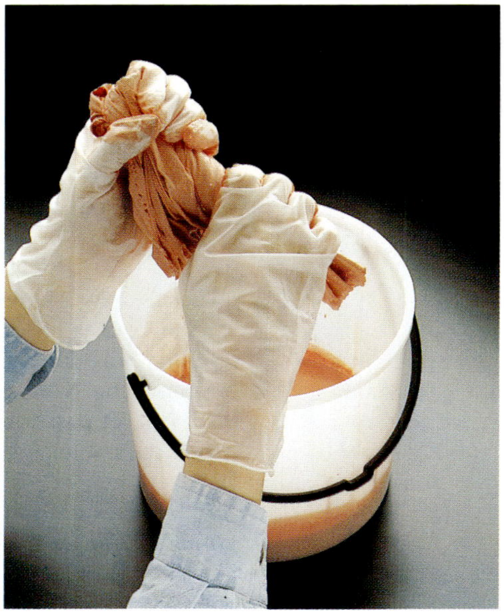

2 Mélangez le glacis de base (page 71) dans un seau. Trempez bien tout le chiffon dans le glacis; tordez-le bien. Essuyez l'excédent de glacis avec le vieux torchon.

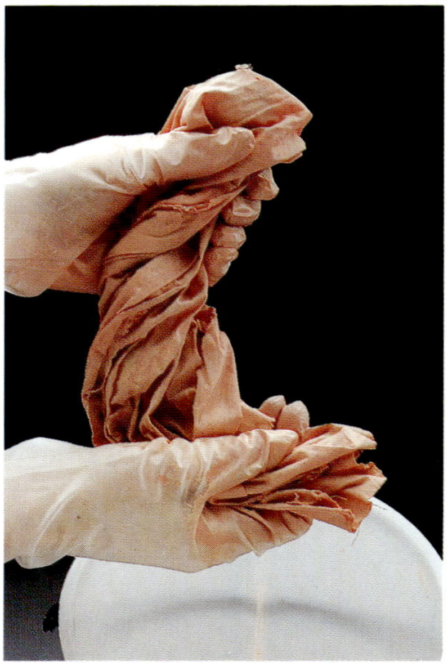

3 Roulez le chiffon irrégulièrement; puis pliez-le en deux afin que sa largeur soit égale à vos deux mains.

4 Roulez le chiffon sur la surface en travaillant vers le haut avec des angles différents.

5 Recommencez l'application, si vous désirez une couverture plus complète.

APPLIQUER UNE FINITION AVEC UN CHIFFON ROULE PASSE SUR LE GLACIS HUMIDE

1 Appliquez la sous-couche à l'aide d'un pinceau ou d'un rouleau. Laissez sécher.

2 Mélangez le glacis de base (page 71); versez dans un bac à peinture. Appliquez le glacis à l'aide d'un rouleau ou d'un tampon à peindre.

3 Roulez le chiffon de façon irrégulière; pliez-le en deux de la largeur des deux mains. Roulez le chiffon sur le glacis humide en avançant vers le haut dans des sens différents.

EFFETS DE COULEUR

Comme vous le montrent ces exemples, la couleur de la sous-couche n'est pas modifiée quand on utilise la méthode du chiffon trempé. Avec la seconde méthode, la couleur de la sous-couche change, puis on enlève un peu de glacis avec un chiffon pour adoucir l'arrière-plan.

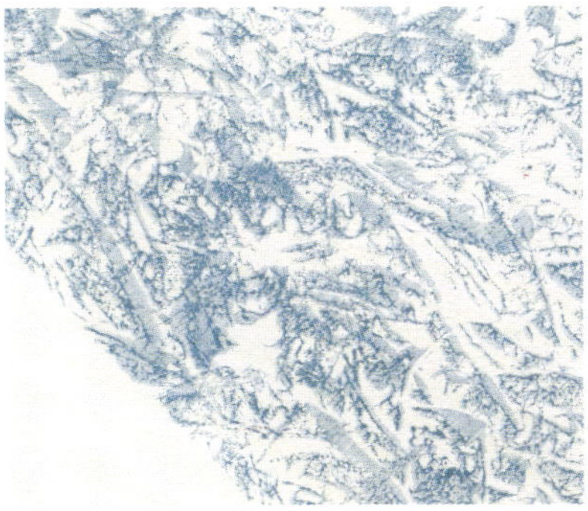

La première technique est utilisée en appliquant un glacis bleu sur une sous-couche blanche. Celle-ci reste inchangée.

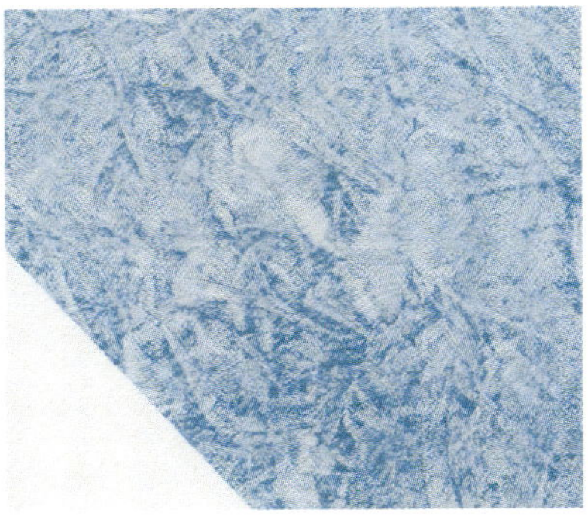

La deuxième technique est utilisée en appliquant un glacis bleu sur une sous-couche blanche. Celle-ci est recouverte de glacis, puis réapparaît sous forme d'un arrière-plan bleu clair quand on retire un peu de glacis.

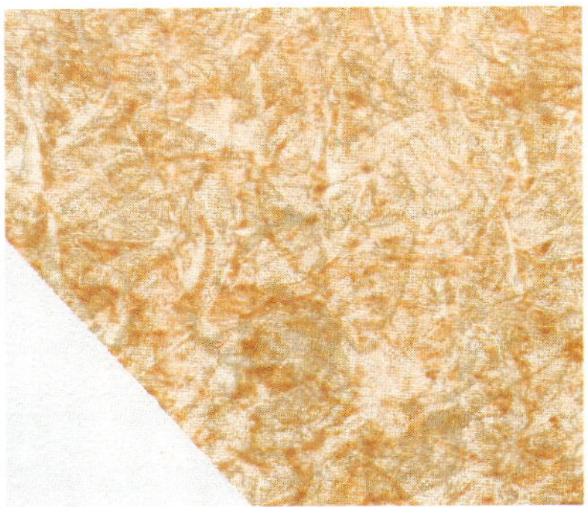

On utilise les deux techniques. On a d'abord passé un glacis taupe avec un chiffon trempé sur une sous-couche blanche. Puis on a passé un chiffon sur un glacis rouille.

EFFET DE TEXTURE

Il existe plusieurs façons d'obtenir une finition riche en texture avec un glacis de peinture, en plus des méthodes de stries, de peignes et de chiffon roulé, en utilisant n'importe quel ustensile domestique ou outil de peinture. Des morceaux roulés ou pliés de carton ondulé, de l'étamine, du papier chiffonné, du raphia, du papier d'emballage plastique, des pommes de terre épluchées et des brosses à récurer créent des effets de texture intéressants.

Pour ces finitions, utilisez le glacis de base et les instructions de la page 71. Vous pouvez appliquer une couche de glacis directement sur la surface, puis la manipuler ou l'enlever partiellement en épongeant le glacis avec un ou plusieurs articles choisis. Une autre méthode consiste à appliquer le glacis sur les articles sélectionnés, puis à imprimer la surface.

Appliquez une sous-couche d'émail satiné mat de bonne qualité avant de passer le glacis. La sous-couche et le glacis pourront être de couleurs contrastantes, comme du vert émeraude sur du blanc. Pour une décoration plus subtile, essayez le ton sur ton, comme deux tons de bleu, ou choisissez des couleurs similaires en intensité, comme un rouge et un violet soutenus. Le processus peut être répété avec une ou plusieurs couleurs supplémentaires de glacis.

MATERIEL

- Peinture émaillée latex satiné pour la sous-couche.
- Peinture latex de la brillance voulue, pour le glacis.
- Retardateur de peinture latex.
- Articles choisis pour créer un effet de texture.

Ces accessoires *(ci-dessus) présentent divers effets de texture, créés en utilisant une pièce d'étamine pliée pour le vase, du carton ondulé roulé pour le bol et une face d'un morceau de carton ondulé pour le plateau.*

Le paravent pliant *(page opposée) présente trois méthodes pour donner de la texture. On a retiré un peu de glacis avec du papier d'emballage plastique pour l'arrière-plan. Les inserts du haut ont été réalisés avec un pinceau en éventail. Pour les inserts du centre, on a utilisé du papier chiffonné.*

APPLIQUER UNE FINITION AVEC EFFET DE TEXTURE

1 Préparez la surface (page 22). Appliquez une sous-couche d'émail latex satiné à l'aide d'un applicateur avec éponge, d'un pinceau ou d'un rouleau. Laissez sécher.

2 Mélangez le glacis (page 71). Appliquez le glacis sur une petite zone à la fois à l'aide d'un applicateur avec éponge, d'un pinceau ou d'un rouleau. Plus la couche est épaisse, plus la finition sera opaque.

3 Donnez de la texture au glacis en y appliquant, roulant, imprimant ou en passant les objets pour créer des motifs; faites tourner les objets, si vous le désirez, pour varier vos effets. Changez d'outil selon vos besoins, ou essuyez l'excédent de glacis de temps à autre.

Autre méthode. Suivez l'étape 1, ci-dessus. Puis appliquez le glacis sur l'outil choisi à l'aide d'un applicateur avec éponge, d'un pinceau ou d'un rouleau. Imprimez, roulez ou passez l'outil couvert de glacis sur la sous-couche pour appliquer le glacis sur la surface.

SUGGESTIONS POUR DONNER DE LA TEXTURE

Un morceau de carton ondulé roulé est fixé avec de l'adhésif. Utilisez l'extrémité ondulée pour obtenir des motifs sur la couche de glacis humide (à gauche). Ou appliquez le glacis sur le carton.

Un morceau de carton ondulé d'un seul côté est coupé à la taille voulue. Pour obtenir des dessins, appuyez le côté ondulé sur la couche de glacis humide (à gauche) ou le glacis directement sur le côté ondulé.

Une pièce d'étamine est pliée, puis appliquée sur une couche de glacis humide (à gauche). Ou appliquez le glacis directement sur un des côtés de l'étamine, puis imprimez sur la surface (à droite).

Un papier d'emballage plastique est chiffonné et placé sur une couche de glacis humide; appuyez légèrement, puis relevez (à gauche). Ou appliquez le glacis directement sur l'emballage plastique.

Un morceau de papier chiffonné est appliqué sur la couche de glacis humide (à gauche). Ou appliquez le glacis directement sur le papier (à droite).

Un pinceau en éventail est appliqué sur un glacis humide, formant des rangées uniformes d'éventails (à gauche). Ou appliquez le glacis humide (à droite).

PEINDRE A L'EPONGE

La peinture à l'éponge produit une décoration douce et pommelée et c'est la technique la plus facile à utiliser. Pour obtenir ce type de finition, utilisez une éponge naturelle pour tamponner la surface de peinture. Il vaut mieux ne pas choisir des éponges synthétiques ou en cellulose parce qu'elles ont tendance à laisser des impressions identiques aux bords trop nets.

Une décoration à l'éponge peut varier selon le nombre de couleurs employées, la façon dont les couleurs se succèdent et la distance entre les impressions.

Vous pouvez utiliser de la peinture semi-brillante ou mate pour la sous-couche et les impressions à l'éponge. Si vous désirez obtenir une finition transparente, utilisez un glacis de peinture se composant de peinture, de retardateur de peinture et d'eau; faites un glacis comme à la page 71.

Pour créer des rayures, des frises, ou des panneaux, utilisez du ruban-cache de peintre pour protéger les zones voulues après l'application de la première couleur de peinture à l'éponge. Puis appliquez la seconde couleur sur les zones découvertes.

MATERIEL

- Peintures latex ou acryliques qualité décorateur pour la sous-couche et la peinture à l'éponge.
- Eponge naturelle.
- Ruban-cache de peintre.
- Niveau de maçon pour peindre des rayures, des frises ou des panneaux.

Cette serviette *a été peinte à l'éponge à l'aide de peintures pour tissu au lieu de peintures latex ou acryliques. Reportez-vous aux astuces pour utiliser les peintures pour tissu aux pages 64 et 65.*

Ce vase et le mur *(page de droite) présentent deux applications différentes de peinture à l'éponge. Le vase est passé à l'éponge en suivant le mouvement de ses sillons. On a appliqué en dernier une peinture métallique dorée.*

PEINDRE A L'EPONGE

1 Préparez la surface (page 22). Appliquez la sous-couche. Laissez sécher. Rincez l'éponge dans de l'eau pour la ramollir; éliminez une grande partie de l'eau. Trempez l'éponge dans la peinture ou dans le glacis (page 71). Epongez légèrement l'éponge sur un mouchoir en papier.

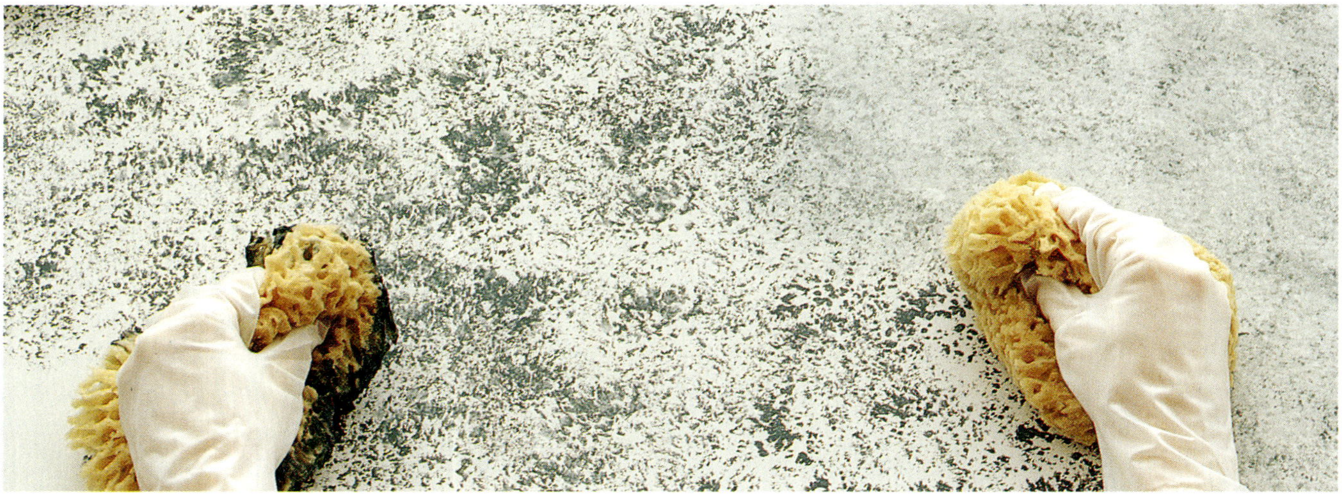

2 Appuyez plusieurs fois l'éponge sur la surface, comme vous le voyez à gauche; travaillez vite sur de petites zones, et changez souvent la position de l'éponge. Epongez immédiatement la peinture sur la surface à l'aide d'une éponge humide dans l'autre main, comme on le voit ici à droite.

3 Continuez d'appliquer la première couleur sur tout le projet en tamponnant l'éponge humide. Répétez ces opérations avec une ou plusieurs couleurs, si vous le désirez.

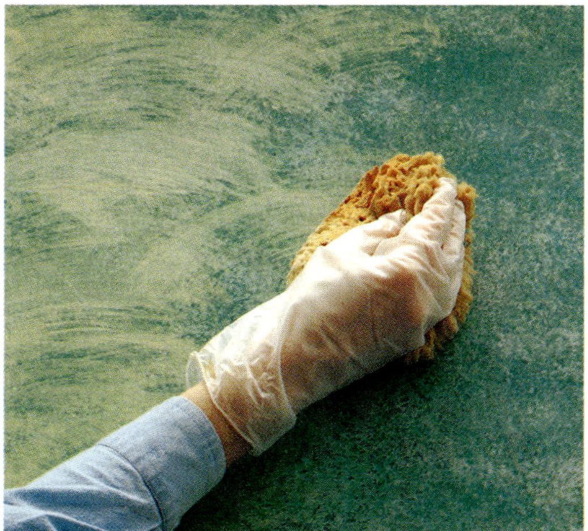

4 Pour finir, vous pouvez appliquer une couche de peinture claire en faisant glisser l'éponge légèrement sur le papier.

1 Suivez les étapes 1 à 3 de la page précédente. Laissez bien sécher la peinture. Tracez une ligne avec un niveau de maçon. Placez la première rangée de ruban-cache le long de cette ligne.

2 Mesurez et placez les autres rangées de ruban-cache pour délimiter les rayures, les frises ou les panneaux.

3 Appliquez la seconde couleur sur les zones découvertes de la surface. Laissez sécher la peinture.

4 Retirez le ruban-cache pour laisser apparaître deux variations de peinture à l'éponge.

EFFETS DE COULEUR

Quand on utilise des couleurs coordonnées pour peindre à l'éponge, comme deux couleurs chaudes ou deux couleurs froides, on obtient une décoration harmonieuse. Si vous désirez créer un effet plus audacieux, plus inhabituel, choisissez de faire un mélange de couleurs chaudes et froides.

Les couleurs chaudes comme le jaune et l'orange donnent un effet vivifiant.

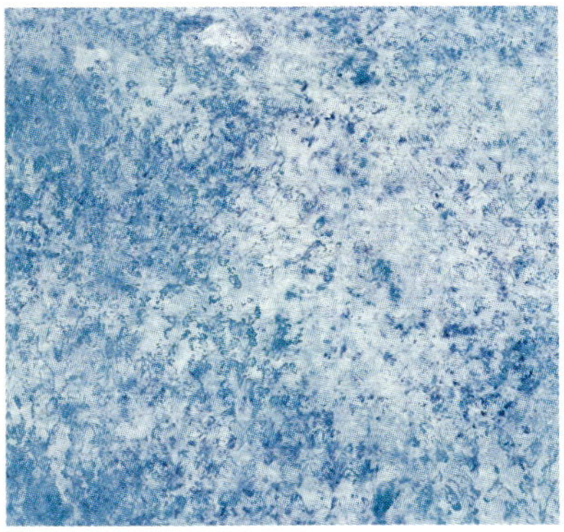

Les couleurs froides comme le vert et le bleu se mélangent pour donner un effet plus apaisant.

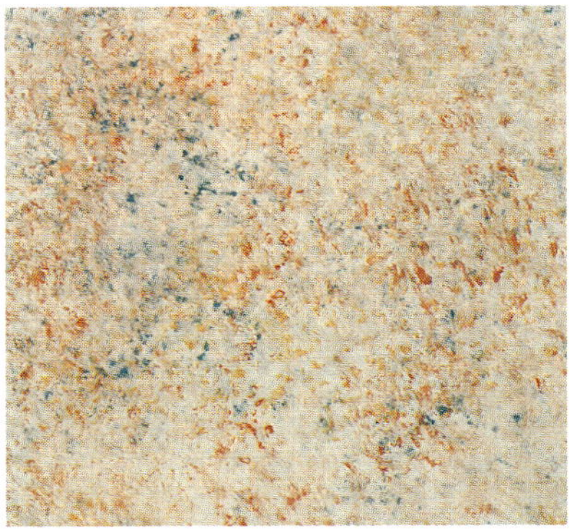

Les couleurs chaudes et froides comme le jaune et le bleu forment un mélange audacieux.

LAVIS DE COULEUR

Un lavis de couleur est une finition facile à obtenir qui donne aux murs un aspect transparent rappelant l'aquarelle. Il ajoute de la texture visuelle aux surfaces sans relief, et il mettra en valeur la surface irrégulière d'un crépi.

Ici, on applique un lavis de couleur en croisant les coups de pinceau sur une sous-couche d'émail latex mat à l'aide d'un pinceau soies naturelles. Quand le glacis commence à sécher, on peut l'adoucir encore un peu en passant un pinceau sec soies naturelles sur la surface. Finissez un mur avant d'arrêter ou de passer au suivant. Stockez tout glacis restant dans un conteneur fermé entre deux séances de peinture.

Le glacis peut être plus clair ou plus sombre que la sous-couche. Pour obtenir de meilleurs résultats, utilisez deux couleurs proches l'une de l'autre ou envisagez d'utiliser une couleur neutre comme le beige ou le blanc pour la sous-couche ou le glacis. Ce genre de travail est très salissant: couvrez donc le sol et le mobilier de draps et appliquez du ruban-cache le long du plafond et des moulures.

GLACIS DE COULEUR

Mélangez les ingrédients suivants:

1 mesure de peinture latex;
1 mesure de retardateur de peinture latex;
2 mesures d'eau.

NAPPER LES MURS DE COULEUR

MATERIEL

- Peinture émaillée latex mate pour la sous-couche.
- Peinture latex pour le glacis de couleur.
- Retardateur de peinture latex pour le glacis.
- Rouleau de peintre.
- Deux pinceaux soies naturelles de 7,5 à 10 cm par personne.
- Draps; ruban-cache.

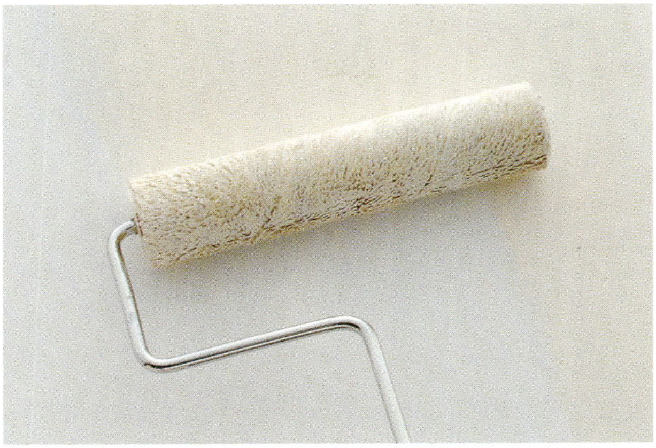

1 Préparez la surface (page 22). Appliquez la sous-couche de peinture émaillée latex mate de la couleur voulue à l'aide du rouleau. Laissez sécher.

2 Mélangez le glacis. Trempez le pinceau dans le glacis, retirez l'excédent de glacis contre le bord du conteneur. Appliquez le glacis sur le mur en croisant les coups de pinceau, en partant d'un coin.

3 Peignez la surface, si vous le désirez, à l'aide d'un pinceau sec pour adoucir l'effet. Essuyez l'excédent de glacis du pinceau si cela est nécessaire.

EFFETS DE COULEUR

Pour la sous-couche et le glacis, choisissez des couleurs très proches, ou utilisez au moins une couleur neutre. Un glacis assez sombre sur une sous-couche claire donne un effet pommelé. Un glacis plus clair sur une sous-couche sombre donne un effet d'aquarelle.

Appliquez une couche plus sombre sur une sous-couche plus claire, comme le blanc.

Appliquez une couche plus claire sur une sous-couche plus sombre, comme le corail.

Appliquez deux teintes d'une même couleur, une couche d'un bleu moyen sur du bleu clair.

IMITER L'ANCIEN

Ce vaisselier campagnard *a été peint au pochoir (page 50), puis vieilli (page opposée).*

Cette série de pots et de vases en terre cuite *a été peinte de différentes couleurs, puis vieillie.*

Grâce à cette technique, vous donnerez à vos meubles et accessoires un aspect ancien. Pour y parvenir, on passe un glacis couleur de terre sur une sous-couche de peinture qui aura été vernie avec un vernis acrylique. L'objet peut être peint au pochoir avant de le vernir et de le vieillir. Cette technique nécessite un glacis à vieillir spécial obtenu en mélangeant un épaississeur de peinture acrylique et des peintures acryliques.

Quand on a passé le glacis, on en enlève un peu pour donner un aspect un peu vieilli sans toucher au glacis dans les coins et les fentes. Laissez une bonne partie du glacis pour vieillir vraiment.

APPLIQUER UNE FINITION IMITATION ANCIEN

MATERIEL

- Peinture latex mate.
- Pinceau fibres synthétiques.
- Epaississeur de peinture.
- Peinture acrylique terre d'ombre brûlée.
- Peinture acrylique terre de Sienne brûlée qualité décorateur.
- Vernis acrylique transparent brillant en aérosol.

GLACIS A VIEILLIR

Mélangez les ingrédients suivants:

de la peinture terre d'ombre brûlée;
de la peinture terre de Sienne brûlée;
de l'épaississeur de peinture acrylique.

1 Préparez la surface (page 22). Appliquez une sous-couche de peinture latex à l'aide d'un pinceau fibres synthétiques. Peignez les motifs quand la sous-couche est sèche. Appliquez plusieurs couches légères de vernis acrylique brillant en aérosol. Laissez sécher.

2 Mélangez le glacis à vieillir, ci-dessus. Appliquez le glacis sur la sous-couche sur une petite zone à la fois.

3 Essuyez la surface pour retirer un peu de glacis à vieillir à l'aide d'un chiffon qui ne peluche pas; laissez plus de glacis sur les bords, dans les coins et les fentes. Frottez légèrement pour ne retirer qu'une petite quantité de glacis à la fois. Frottez dans un sens pour retrouver l'aspect du vieux bois. Laissez sécher. Appliquez plusieurs couches légères de vernis acrylique en aérosol.

Pour les grandes surfaces. Préparez toute la surface comme dans l'étape 1. Appliquez le glacis comme dans les étapes 2 et 3. Retirez le ruban-cache; posez un nouveau ruban en l'alignant sur glacis, comme ici, sur la photo. Appliquez le glacis de l'autre côté.

Imitations

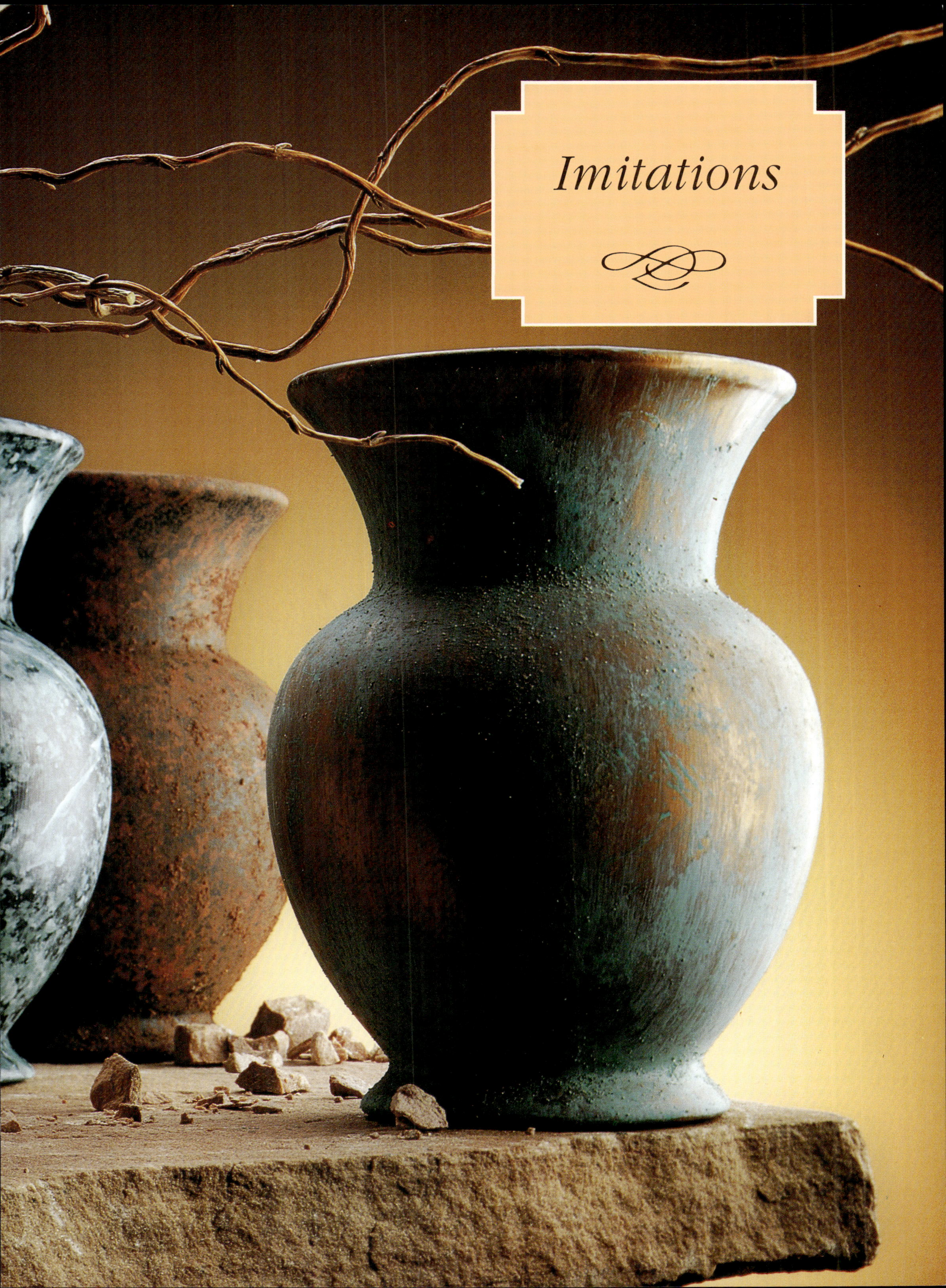

IMITATION GRANIT

Il est très simple de rendre l'aspect du granit naturel. En combinant les techniques de peinture à l'éponge et de peinture par taches, vous créerez un granit qui aura l'air si vrai que les gens devront le toucher.

Le granit naturel est un conglomérat de pierres et a une apparence cristalline. Les couleurs des granits de différentes régions varient énormément selon la vitesse à laquelle la lave en fusion a refroidi. Les types de granit les plus courants en Amérique ont des couleurs qui vont de la terre d'ombre brûlée ou naturelle au blanc en passant par l'anthracite et le noir. Certains granits exotiques offrent un cocktail très riche de bordeau, violet, noir et gris; un mélange chaud de cuivre, terre d'ombre, noir et gris; l'opalescence fraîche du bleu métallique, du noir, de la nacre et du gris; et une combinaison vivifiante d'orange, rouge et saumon.

Dans la mesure où il s'agit ici de granit peint, les assortiments de couleurs n'ont pas besoin d'être réalistes. Vous pouvez utiliser cette technique pour adapter l'objet peint à votre décoration.

Cette lampe métallique et ce cadre *ont reçu une finition imitant le granit de deux couleurs assorties.*

Ces boîtes de plastique moulé *très bon marché se sont transformées en accessoires à l'apparence sophistiquée.*

Ce pied de plâtre *sur lequel on a imité le granit devient le support stylisé d'une table à dessus de verre.*

REALISER UNE IMITATION GRANIT

MATERIEL

- Peinture acrylique qualité décorateur ou latex mate pour la sous-couche.
- Peinture acrylique qualité décorateur ou latex mate dans les couleurs désirées pour peindre à l'éponge et pour tacheter; on peut utiliser de la peinture métallique pour une des couleurs.
- Eponge naturelle.
- Brosse à poils fins.

1 Préparez la surface (page 22). Appliquez une sous-couche de peinture acrylique ou latex mate, blanche, grise ou noire.

2 Diluez une couleur pour peindre à l'éponge, une mesure de peinture pour une mesure d'eau, ou de façon à obtenir la même consistance que l'encre. Appliquez la peinture à l'aide d'une éponge.

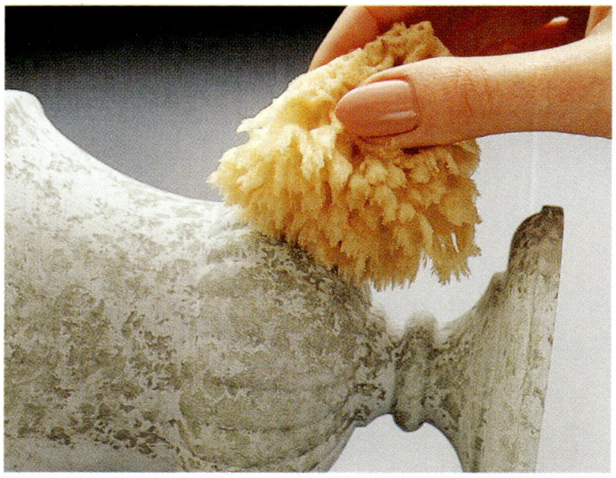

3 Epongez la peinture avec une éponge propre et humidifiée. La peinture sera ainsi pommelée, se fondra légèrement dans la couleur de fond et sera plus transparente. Si l'effet produit n'est pas plaisant, effacez tout avec un chiffon humide.

4 Répétez les étapes 2 et 3 pour les couleurs restantes, en laissant chaque couleur sécher avant d'appliquer la couleur suivante. Laissez transparaître un peu de sous-couche à travers les autres couches pour donner de la profondeur.

5 Appliquez de la peinture blanche, grise ou noire diluée sur la surface en faisant de petites taches, page opposée. Tachetez la surface de façon régulière.

6 Appliquez un vernis acrylique clair satiné mat en aérosol pour donner de la brillance et de la profondeur et rendre la peinture plus résistante.

REALISER UN EFFET TACHETE

1 Diluez la peinture à tacheter avec de l'eau comme dans l'étape 2, page opposée. Vérifiez la consistance de la peinture et testez la technique en tachetant un morceau de carton avant de tacheter l'objet lui-même. Trempez les poils de la brosse dans le mélange. Essuyez sur un mouchoir en papier sec pour éliminer l'excédent.

2 Tenez la brosse près de la surface; passez le doigt ou un petit bâton sur les poils pour éclabousser la surface de peinture. Variez la vitesse à laquelle vous passez le doigt et la distance par rapport à la surface. Si vous mettez trop de peinture, elle risque de couler.

EFFETS DE COULEUR

Le granit change de couleur d'après les régions. Utilisez les combinaisons de couleur pour imiter les granits naturels.

Appliquez une sous-couche noire. Utilisez une éponge pour appliquer les peintures dans les tons argentés, gris moyen ou gris clair.

Appliquez une sous-couche ivoire foncé. Utilisez une éponge pour appliquer les peintures dans les tons brun, gris et noir.

Appliquez une sous-couche gris moyen. Utilisez une éponge pour appliquer du gris foncé, noir et cuivre métallisé.

IMITATION MOSAIQUE

Reproduisez des mosaïques avec une technique picturale qui utilise de petits morceaux d'éponge comme tampons. Pour faciliter la manipulation, on colle plusieurs morceaux d'éponge sur du polystyrène, vous permettant ainsi de créer des motifs complexes en une seule impression. Réalisez un tampon par motif et par couleur, car on ne peut pas laver les tampons. Si le projet n'est pas fini en un jour, on peut garder les tampons une nuit dans des sacs de plastique fermés hermétiquement.

L'imitation mosaïque donne de bons résultats sur des surfaces lisses et avec des reliefs. Grâce à elle, vous pourrez créer une frise le long d'un plafond, encadrer une fenêtre ou une porte cintrée, ou embellir le pied d'un mur. L'imitation mosaïque peut aussi décorer les accessoires tels que les vases.
Avant de commencer à peindre, esquissez d'abord le motif en mosaïque sur du papier à dessin pour avoir une idée du résultat voulu, comme à la page 100.

MATERIEL

- Peinture acrylique qualité décorateur ou latex mat ou satiné pour la sous-couche.
- Peintures acryliques qualité décorateur ou latex dans les couleurs voulues.
- Eponge cellulosique; les éponges humides sont plus faciles à utiliser.
- Morceaux de polystyrène; colle; assiettes jetables; gomme.
- Cutter ou lame de rasoir; règle.
- Niveau de maçon pour tracer les lignes.
- Papier calque et ruban-cache pour les motifs en mosaïque.

Les murs *offrent un bon support pour les motifs imitation mosaïque. Ci-dessus, la frise est créée à partir de rangées de carrés. Page précédente, le motif compliqué comprend plusieurs motifs stylisés.*

Des impressions *de petite taille, mais saisissantes.*

TAMPONS POUR UN MOTIF MOSAIQUE

1 Coupez une éponge cellulosique en carrés de 2 cm ou en d'autres formes à l'aide d'un cutter.

2 Coupez un morceau de polystyrène avec un cutter pour l'utiliser comme support pour les tampons. Pour obtenir une grille, coupez un support de 5 x 5 cm afin d'y placer quatre carrés d'éponge de 2 cm. Pour obtenir un motif linéaire, coupez un support de 2,5 x 10 cm afin d'y placer quatre carrés. Pour de petits détails, coupez un support de 2,5 x 2,5 cm pour tenir un morceau d'éponge.

3 Collez les carrés de même hauteur sur le support en les espaçant d'environ 3 mm. Afin que le motif paraisse irrégulier, n'espacez pas les éponges trop précisément. Laissez sécher.

4 Réalisez les tampons pour des motifs en mosaïque en coupant la forme voulue dans le polystyrène pour le support. Coupez les éponges dans les formes désirées pour remplir le support; collez les morceaux en les espaçant d'environ 3 mm. Laissez sécher.

PEINDRE UN MOTIF IMITATION MOSAIQUE

1 Mesurez la zone à peindre en imitation mosaïque. Réalisez un schéma de la zone sur du papier, en dessinant le motif à l'échelle du schéma; notez tous les détails.

2 Appliquez la sous-couche de la couleur voulue; utilisez la technique du glacis (page 88). Choisissez une couleur proche du mortier pour la sous-couche, pour faire plus vrai. Laissez sécher.

3 Tracez sans appuyer les contours de la zone du motif sur la sous-couche à l'aide d'un crayon et d'un niveau de maçon. Tracez toute ligne nécessaire pour le placement du dessin.

4 Versez une petite quantité de peinture acrylique ou latex de chaque couleur dans des assiettes jetables. Trempez les tampons dans la peinture pour des tampons d'une même couleur **(a)**. Ou appliquez les couleurs sur chaque morceau **(b)**.

5 Imprimez le dessin sur la surface en vous repérant par rapport aux lignes. Appliquez de la peinture sur les tampons si nécessaire. Utilisez des tampons différents pour chaque motif et chaque combinaison de couleur.

6 Découpez le papier calque pour chaque motif afin qu'il déborde de 3 mm de tous les côtés. Fixez-le avec des morceaux d'adhésif pliés. Protégez les motifs imprimés en fixant du papier calque.

7 Finissez d'imprimer l'arrière-plan. Quand vous imprimez les motifs environnants, vous pouvez imprimer sur le papier calque. Laissez sécher la peinture.

8 Retirez le papier calque des zones avec motifs. Gommez les traits de crayon qui ne sont pas couverts de peinture.

IMITATION MARBRE

Plusieurs types de minéraux, comme le marbre serpentin, l'onyx, l'albâtre et le marbre brèche, ont un aspect marbré ou veiné, et on les trouve dans la nature dans toute une gamme de coloris. On peut tout à fait les imiter en utilisant une technique appelée veinage alliée à d'autres techniques.

Pour le veinage, on utilise un diluant acrylique et un épaississeur acrylique avec la peinture pour créer les veines opaques ou transparentes. Une plume passée de façon irrégulière sert à réaliser les veines.

***L'imitation onyx** (ci-dessous) ressemble à la pierre véritable noire et blanche qui est très proche du marbre. Des bandes de blanc crayeux recouvrent un fond noir et sont mises en valeur par des veines blanches.*

***L'imitation albâtre** a l'aspect blanc et transparent de l'albâtre, souvent utilisé pour les vases et les petits objets de décoration. Pour obtenir l'effet subtil de l'albâtre, une sous-couche d'émail blanc satiné mat est veinée avec de la peinture acrylique gris clair. Puis toute la surface est passée à la peinture blanche diluée.*

L'imitation marbre brèche *a l'aspect irrégulier et naturel du véritable marbre brèche, qui se compose de différentes pierres fragmentées, dont parfois le marbre. Bien que la technique picturale soit proche de celle de l'imitation albâtre, l'imitation marbre brèche est plus audacieuse avec des zones couleur pêche soulignées de veines grises pour ressortir sur le fond blanc. On peut ajouter de petites taches grises. Sur les accessoires, le veinage sera assez serré, et on pourra appliquer plusieurs touches de couleur pêche. Si on utilise l'imitation marbre brèche sur de grandes surfaces comme les murs, le veinage sera moins important.*

L'imitation marbre serpentin *a l'apparence bigarrée vert foncé du minéral serpentin, ainsi que son aspect pommelé et ses veines blanches. On obtient ce résultat en appliquant un mélange de verts avec une éponge en tamponnant la surface, puis en ajoutant les veines avec une plume.*

REALISER UNE IMITATION MARBRE SERPENTIN

MATERIEL

- Peinture latex mate ou acrylique noire qualité décorateur.
- Peintures acryliques qualité décorateur vert chasseur foncé, vert moyen, bleu-vert clair et blanc; achetez des peintures acryliques en tubes ou en flacons souples.
- Epaississeur de peinture acrylique.
- Diluant de peinture acrylique.
- Applicateur (éponge ou pinceau fibres synthétiques).
- Eponge naturelle.
- Plume de dinde ou de faisan.
- Assiettes jetables.
- Vernis acrylique clair ultra-brillant en aérosol.

1 Préparez la surface (page 22). Appliquez la sous-couche de peinture latex mate ou acrylique.

2 Versez le vert chasseur foncé, le vert moyen et le bleu-vert clair en spirales dans une assiette jetable en faisant se chevaucher les couleurs.

3 Versez des spirales d'épaississeur et de diluant sur les peintures vertes. Inclinez l'assiette afin que les couleurs se mélangent.

4 Trempez l'éponge humide dans la peinture verte marbrée; éliminez l'excédent de peinture.

5 Tamponnez l'éponge à plusieurs reprises sur une sous-couche noire, en tournant l'éponge. Laissez transparaître un peu de sous-couche; l'épaississeur et le diluant permettent de séparer les couleurs. Laissez sécher.

6 Répandez du blanc et du vert moyen sur une autre assiette jetable. Répandez de l'épaississeur d'un côté de la peinture et du diluant de l'autre.

7 Passez le bord d'une plume dans les flaques en prenant de l'épaississeur, de la peinture et du diluant.

8 Placez la pointe de la plume sur la surface; tournez-la légèrement dans vos mains pour créer les veines. Appliquez les veines en diagonale. L'épaississeur et le diluant font varier les veines: certaines zones sont opaques et d'autres transparentes.

9 Appliquez plusieurs couches de vernis acrylique ultra-brillant en aérosol.

REALISER UNE IMITATION ONYX

MATERIEL

- Peinture latex mate ou acrylique noire qualité décorateur.
- Peinture acrylique blanche qualité décorateur.
- Epaississeur de peinture acrylique.
- Diluant de peinture acrylique.
- Eponge naturelle.
- Deux plumes de dinde ou de faisan.
- Assiette jetable.
- Vernis acrylique clair ultra-brillant en aérosol.

1 Préparez la surface (page 22). Appliquez une sous-couche de peinture latex mate ou acrylique noire. Laissez sécher.

2 Appliquez une grande flaque de peinture blanche sur une assiette. Appliquez une flaque d'épaississeur d'un côté de la peinture blanche et du diluant de l'autre.

3 Passez un bord de la plume dans les flaques en prenant un peu d'épaississeur, de peinture et de diluant; couvrez toute la longueur de la plume. Essuyez l'excédent sur un mouchoir de papier.

4 Faites des zigzags avec la plume sur la sous-couche en formant des bandes diagonales irrégulières de 7,5 à 10 cm de large. Certaines bandes se toucheront ou se croiseront. Travaillez sur deux ou trois bandes à la fois.

5 Frottez les bandes de blanc dans un mouvement circulaire à l'aide d'une éponge naturelle humide pour obtenir l'aspect de nuages clairs et doux.

6 Frottez légèrement les bandes avant qu'elles ne sèchent à l'aide d'un chiffon sec pour leur donner l'aspect de poussière sur un tableau noir; ne frottez pas sur la sous-couche noire. Appliquez à nouveau de la peinture blanche si vous avez trop frotté. Laissez sécher.

7 Passez le bord de la plume dans les flaques d'épaississeur, de peinture et de diluant. Traînez la plume en la tournant légèrement dans la main. L'épaississeur et le diluant font varier les veines. Laissez sécher. Appliquez plusieurs couches de vernis en aérosol.

REALISER UNE IMITATION ALBATRE

MATERIEL

- Peinture émaillée latex blanche satiné mat pour la sous-couche.
- Peinture latex mate ou acrylique qualité décorateur blanche pour le lavis.
- Peinture acrylique qualité décorateur gris clair pour le veinage.
- Epaississeur de peinture acrylique.
- Diluant de peinture acrylique.
- Plume de dinde ou de faisan.
- Assiette jetable.
- Vernis acrylique clair ultra-brillant en aérosol.

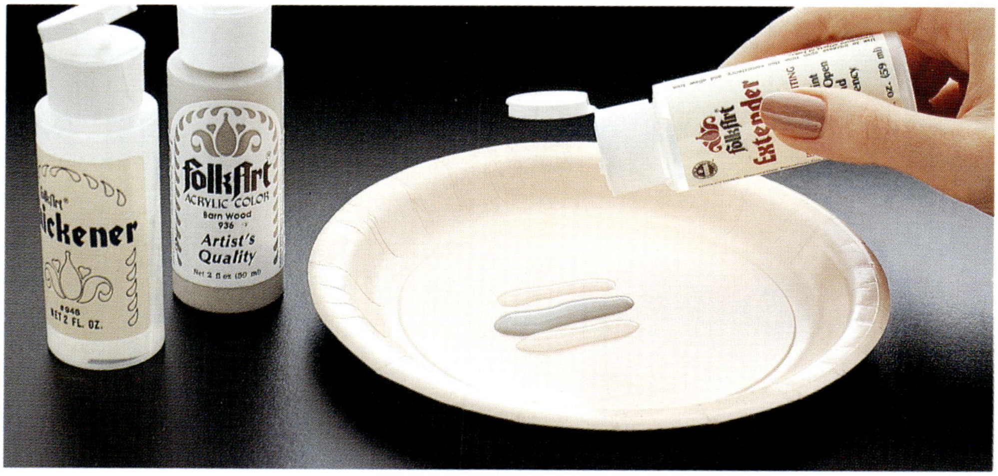

1 Préparez la surface (page 22). Appliquez la sous-couche d'émail latex blanc satiné. Laissez sécher. Appliquez une grande flaque de peinture acrylique gris clair sur l'assiette jetable ainsi que de l'épaississeur et du diluant de part et d'autre de la peinture.

2 Passez le bord d'une plume dans les flaques en prenant un peu d'épaississeur, de peinture et de diluant. Placez la pointe de la plume sur la surface; traînez-la en la faisant tourner légèrement dans votre main pour créer les veines. Appliquez les veines en diagonale, en les croisant. L'épaississeur et le diluant font varier les veines.

3 Diluez une mesure de peinture latex mate ou acrylique blanche avec une mesure d'eau, pour le lavis. Passez généreusement sur toute la surface. Avant que le lavis ne sèche complètement, passez un pinceau soies naturelles doux et sec en diagonale dans les deux sens pour adoucir l'aspect.

4 Laissez sécher. Appliquez plusieurs couches de vernis acrylique clair ultra-brillant en aérosol.

REALISER UNE IMITATION MARBRE BRECHE

MATERIEL

- Peinture émaillée latex blanche satiné, pour la sous-couche.
- Peinture acrylique qualité décorateur gris clair ou gris moyen pour veiner et moucheter.
- Peinture acrylique qualité décorateur terre de Sienne brûlée pour le lavis.
- Epaississeur de peinture acrylique.
- Diluant de peinture acrylique.
- Eponge naturelle; plume de dinde ou de faisan.
- Pinceau plat fibres synthétiques de 1,3 cm.
- Brosse à poils fins pour moucheter.
- Assiettes jetables; petits bols.
- Vernis acrylique clair ultra-brillant en aérosol.

1 Suivez l'étape 1, page précédente. En suivant les instructions pour le veinage de l'étape 2, page précédente, appliquez les veines en diagonale, en les croisant et en laissant des zones arrondies entre les veines.

2 Mélangez une mesure de peinture acrylique, deux mesures d'épaississeur acrylique et deux mesures d'eau.

3 Appliquez le lavis dans toutes les zones arrondies entre les veines en utilisant un pinceau plat de 1,3 cm. Avant que le lavis ne sèche complètement, donnez de la texture en imprimant une petite éponge humide et éliminez les traces de pinceau. Si le lavis s'étale en dehors des veines, essuyez immédiatement à l'aide d'un chiffon humide.

4 Ajoutez une quantité modérée pour tacheter, comme à la page 97. Laissez sécher la peinture. Appliquez plusieurs couches de vernis acrylique clair ultra-brillant.

IMITATION VERT-DE-GRIS

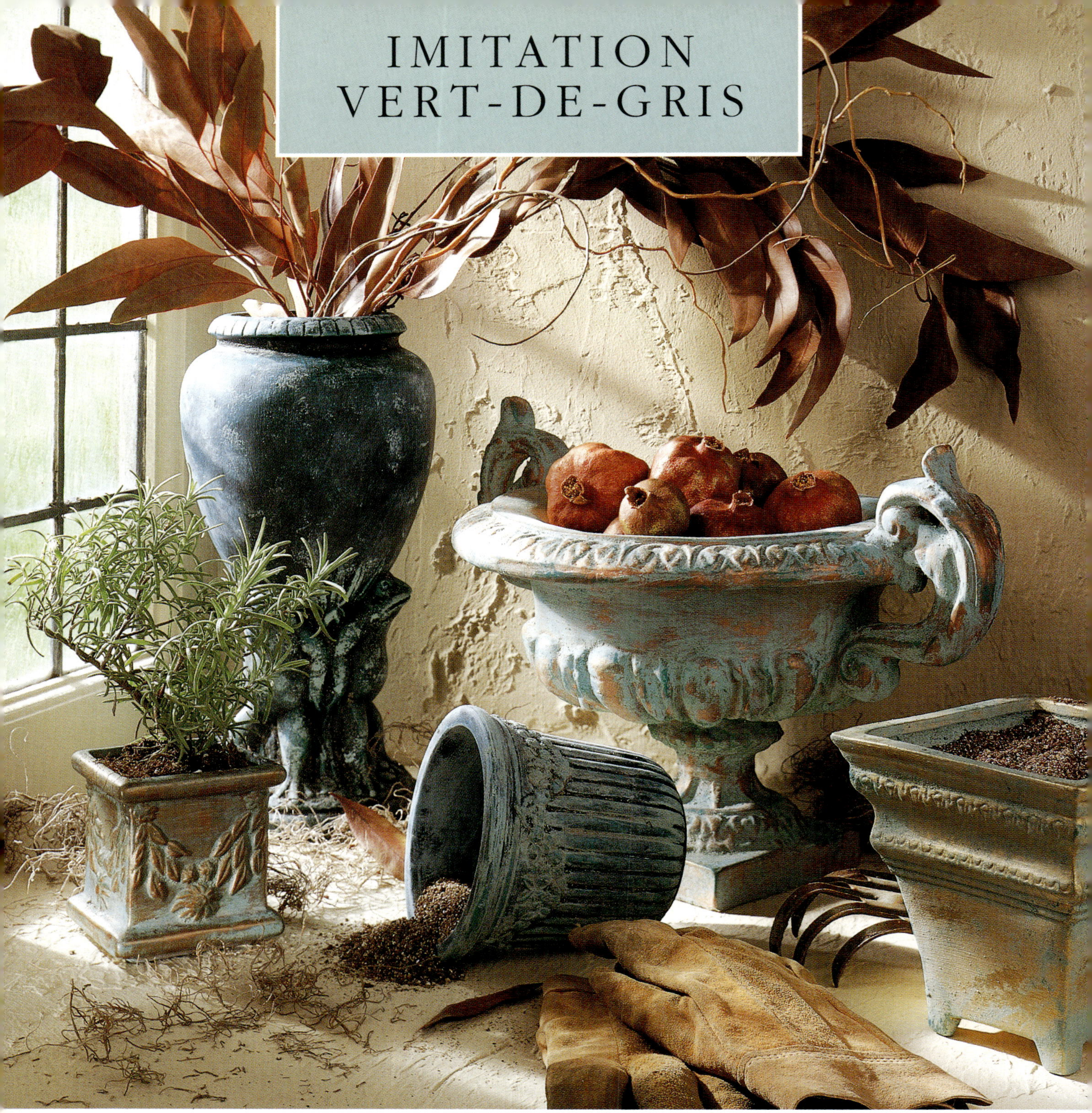

Ces pots de terre cuite ou de plâtre *ont reçu une finition vert-de-gris avec des sous-couches noires et métalliques.*

Le vert-de-gris est une finition facile à obtenir qui a l'aspect vieilli du cuivre, du bronze ou du laiton terni. Destinée à la décoration intérieure, l'imitation vert-de-gris donne de bons résultats sur les statues de ciment ou de plâtre, et sur les pots d'argile, pour obtenir un effet aussi réaliste que de véritables pièces ternies de métal travaillé.

Pour imiter l'apparence irrégulière et altérée des métaux anciens, on applique une peinture bleu vif sur une sous-couche de peinture noire ou métallique. Puis on passe une pâte à base de sable de rebouchage et de peinture pour ajouter de la texture et des variations de couleur.

A l'apparition du vert-de-gris, le vieillissement se montre dans les recoins tandis que les zones dégagées restent intactes. Dans le cas de l'imitation vert-de-gris, ceci s'obtient en utilisant une sous-couche métallique.

Par la suite, les recoins sont noirs et les parties dégagées ont une apparence altérée due aux dépôts bleu-vert.

***Cette tringle métallique mobile** a une finition imitation vert-de-gris avec une sous-couche couleur bronze.*

***Ces accessoires de métal, de bois et de plâtre** (ci-dessous) sont décorés de finitions imitation vert-de-gris avec des sous-couches de couleur noire, bronze ou cuivre.*

REALISER UNE IMITATION VERT-DE-GRIS

MATERIEL

- Peinture acrylique qualité décorateur ou latex mate de couleur noire ou métallique pour la sous-couche.
- Peintures acryliques qualité décorateur ou latex mates bleu vif et blanche.
- Sable sec de rebouchage et adhésif pour ciment, disponibles dans les magasins de bricolage.
- Pinceaux fibres synthétiques.
- Brosse à dents.
- Assiette et verre jetables.
- Vaporisateur, comme on utilise pour les plantes.

PATE VERT-DE-GRIS

Mélangez les ingrédients suivants:

une mesure de peinture acrylique ou latex bleu vif;
six mesures de peinture acrylique ou latex blanche;
douze mesures de sable de rebouchage;
deux mesures d'adhésif pour ciment.

1 Appliquez une sous-couche égale de peinture noire ou métallique sur la surface à l'aide d'un pinceau fibres synthétiques, en vous assurant que vous appliquez la peinture dans les coins. Laissez sécher.

2 Versez une petite quantité de peinture bleue dans une assiette jetable. Diluez-la pour obtenir une consistance crémeuse en ajoutant de l'eau, si nécessaire. Trempez la pointe du pinceau dans la peinture.

3 Appliquez la peinture bleue avec un pinceau en tamponnant la surface; laissez la sous-couche transparaître. Sur la sous-couche noire, appliquez la peinture bleue sur les zones en relief; sur la sous-couche métallique, appliquez la peinture bleue.

4 Tachetez de peinture bleue à certains endroits, si vous le voulez, à l'aide d'un pinceau sec.

5 Mélangez la pâte vert-de-gris (page précédente) dans un verre jetable. Travaillez la pâte avec les doigts pour la faire pénétrer dans certains recoins ou fentes.

6 Vaporisez entièrement la surface avec de l'eau à l'aide d'un vaporisateur, dès que la pâte a été appliquée; éliminez un peu de pâte.

7 Saupoudrez une petite quantité de sable sec de rebouchage sur les zones humides.

Pour les finitions métalliques uniquement. Appliquez de nouveau la peinture métallique pour mettre en valeur les zones en relief. Vous obtiendrez ainsi une apparence vert-de-gris très réaliste en réservant le bleu un peu vieilli aux recoins et la finition aux reliefs.

IMITATION ROUILLE

Une finition imitation rouille a l'aspect des objets usés par le temps qui agrémente les décorations campagnardes, primitives et contemporaines. Finis à l'imitation rouille, les accessoires comme les pieds de lampe, les cadres, les boîtes, les vases, les chandeliers, confèrent un charme rustique et douillet aux intérieurs.

Une pâte composée de ciment de rebouchage sec et de peintures acryliques est appliquée à la surface sur une sous-couche de peinture noire. Pour une apparence rouillée réaliste, utilisez une éponge naturelle pour tamponner la pâte sur la surface, en laissant transparaître un peu de sous-couche noire. Quand la pâte est sèche, appliquez une touche légère de peinture acrylique de terre de Sienne brûlée sur la surface.

Pour obtenir une finition imitation rouille moins prononcée (page opposée), les quantités de terre d'ombre brûlée et de terre de Sienne brûlée de la pâte de rouille ont été interverties.

PATE POUR LA ROUILLE

Mélangez les ingrédients suivants:

une mesure de peinture acrylique de terre de Sienne brûlée;
six mesures de peinture acrylique de terre d'ombre brûlée;
douze mesures de sable de rebouchage sec;
douze mesures d'adhésif pour ciment.

REALISER UNE IMITATION ROUILLE

MATERIEL

- Peinture acrylique qualité décorateur ou latex noire.
- Peinture acrylique qualité décorateur terre de Sienne ou ambre.
- Ciment de rebouchage (sable).
- Adhésif pour ciment.
- Eponge naturelle.
- Tasse ou bol jetable.

1 Appliquez une sous-couche de peinture noire à l'aide d'un pinceau de fibres synthétiques. Laissez sécher.

2 Mélangez la pâte (ci-dessus) dans une tasse ou un bol jetable. A l'aide d'une cuillère, appliquez une fine couche de pâte sur l'éponge humide.

3 Passez la pâte sur toute la surface à l'aide d'une éponge; laissez la sous-couche transparaître parfois. Puis tamponnez l'éponge pour obtenir un effet pommelé. Laissez sécher.

4 Trempez une éponge dans la peinture de terre de Sienne brûlée; épongez sur un mouchoir en papier. Appliquez une petite quantité sur la surface.

IMITATION BOIS

Les motifs et les couleurs riches du bois naturel peuvent être imités grâce à une technique qui remonte à l'époque romaine et qui fut particulièrement appréciée à la fin du dix-neuvième siècle. Longtemps considérée comme une technique réservée exclusivement aux artisans qualifiés, l'imitation bois a fait un retour en force avec l'apparition de nouveaux outils, tels que ce tampon à bascule imitant le grain du bois présenté à la page 118. Le grain du bois convient à toute surface lisse. Essayez cette technique picturale sur les murs, les portes, les boiseries, les meubles ou les coffres.

Pour cette imitation bois, on applique un glacis de peinture latex ou acrylique et un épaississeur sur une sous-couche d'émail latex satiné mat. On passe le tampon à bascule dans le glacis humide en le faisant osciller d'avant en arrière. A chaque oscillation, on imprime les veines ovales qui caractérisent le pin et d'autres bois.

La couleur finale de la finition dépend de l'effet combiné de la sous-couche et de la couche de glacis. Pour obtenir une apparence naturelle, on utilise une sous-couche plus claire avec un glacis plus sombre.

Les couleurs appropriées pour la sous-couche comprennent la terre de Sienne naturelle, l'oxyde rouge, la terre de Sienne brûlée, la terre d'ombre brûlée et les tons beige. Pour le glacis, les couleurs vont de la terre d'ombre brûlée et du noir à l'oxyde rouge et à la terre de Sienne brûlée. La gamme des grains de bois utilisés étant très vaste, il est inutile d'imiter à la fois le grain et la couleur d'un bois particulier.

Familiarisez-vous avec les techniques en vous exerçant sur un grand morceau de carton jusqu'à ce que vous obteniez l'aspect du bois. Testez la finition avant de vous attaquer au projet lui-même.

Pour imiter l'aspect d'un parquet de bois, tracez une grille sur la sous-couche avec des carrés de 10 ou 20 cm. Vous pouvez centrer le motif ou commencer dans un coin avec un carré entier. En protégeant un carré de la grille sur deux, appliquez le grain sur la surface en alternant les motifs horizontaux et verticaux.

Une imitation bois *met en valeur ce coffre tout simple de la page opposée. Elle reproduit aussi l'effet du parquet dans cet intérieur, ci-dessus; on a utilisé une peinture émaillée latex spécialement formulée pour les sols.*

TAMPON A BASCULE POUR IMITER LE BOIS

GLACIS BOIS

Mélangez les ingrédients suivants:

deux mesures de peinture acrylique ou latex de la brillance voulue;
une mesure d'épaississeur de peinture acrylique.

MATERIEL

- Peinture émaillée latex satiné de la couleur voulue, pour la sous-couche.
- Peinture acrylique qualité décorateur de la couleur voulue ou peinture latex de la brillance et couleur voulues, pour le glacis.
- Epaississeur de peinture acrylique.
- Vernis clair satiné ou ultra-brillant ou vernis acrylique clair en aérosol.
- Tampon à bascule imitant le bois.
- Pinceau ou rouleau pour appliquer la sous-couche.
- Pinceau fibres synthétiques pour appliquer le glacis.
- Pinceau soies naturelles doux de 7,5 ou 10 cm de large pour fondre l'effet de grain.
- Règle.
- Ruban-cache pour le parquet.

REALISER UNE IMITATION BOIS

1 Préparez la surface (page 22). Appliquez la sous-couche d'émail latex satiné de la couleur voulue, en passant la peinture dans le sens que vous désirez donner au grain du bois. Laissez sécher.

2 Mélangez le glacis bois (ci-dessus). Appliquez une couche égale de glacis sur la sous-couche sur une petite zone à la fois, en passant le pinceau dans le sens que vous désirez donner au grain du bois.

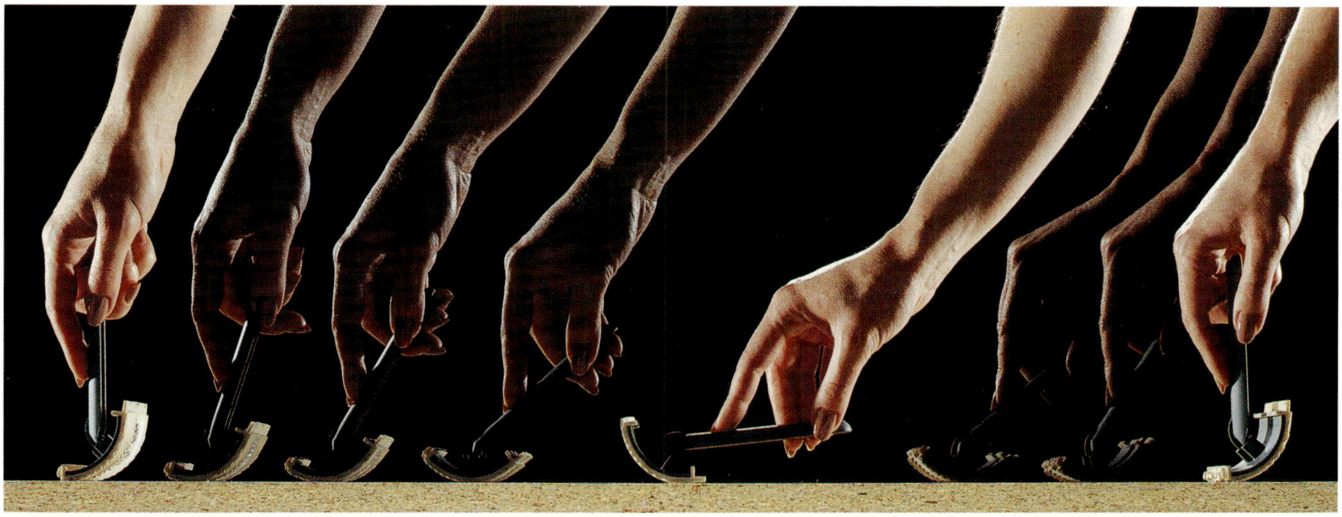

3 Faites glisser le tampon à bascule sur le glacis humide, en le faisant osciller lentement pour créer le grain du bois. Commencez dans un coin en travaillant de façon continue tout en faisant glisser et osciller l'outil d'un côté à l'autre. Ce faisant, vous créerez des traces ovales.

4 Répétez l'étape 3 pour les rangées suivantes en variant l'intervalle entre les marques ovales; essuyez l'excédent de glacis sur l'outil. Pour certaines rangées, passez le bord en forme de peigne ou le bord crénelé du tampon sur le glacis au lieu d'utiliser la bascule; vous obtiendrez un grain simple et continu. Vous pouvez aussi utiliser un peigne de caoutchouc (page 74).

5 Passez un pinceau soies naturelles sec et doux de 7,5 à 10 cm de large à la surface avant que le glacis ne sèche complètement; brossez légèrement dans le sens du grain pour adoucir l'aspect. Essuyez l'excédent de glacis sur le pinceau, si nécessaire. Laissez sécher le glacis. Appliquez un vernis clair ou un vernis acrylique clair en aérosol, si vous le désirez.

REALISER UN FAUX PARQUET

1 Appliquez une sous-couche comme à la page 118, étape 1. Mesurez et tracez une grille sur la sous-couche à l'aide d'une règle et d'un crayon; centrez la grille ou commencez dans un coin avec un carré entier.

2 Appliquez le ruban-cache sur un carré sur deux de la grille; utilisez une spatule de vitrier pour couper l'adhésif en diagonale au niveau des coins, comme on vous le montre ici. Appuyez le long des bords.

3 Mélangez le glacis bois (page 118). Appliquez le glacis sur les zones découvertes en passant le pinceau à l'horizontale. Faites glisser le tampon à bascule dans le même sens sur le glacis humide dans certains carrés pour un effet de grain de bois droit. Faites basculer l'outil à l'horizontale dans les carrés restants, en variant la position des traces ovales. Ne travaillez que dans quelques carrés à la fois, parce que le glacis sèche vite.

4 Passez un pinceau soies naturelles sec et doux sur la surface avant que le glacis ne sèche complètement; brossez légèrement dans la direction du grain pour l'adoucir. Essuyez l'excédent de glacis sur le pinceau, si nécessaire.

5 Laissez sécher; retirez le ruban-cache. Appliquez le ruban-cache sur les carrés peints; appliquez le glacis sur les carrés découverts en brossant à la verticale. Répétez les étapes 3 et 4 dans le sens vertical. Laissez sécher; retirez le ruban-cache. Appliquez une finition claire ou un vernis acrylique clair en aérosol, si vous le désirez.

EFFETS DE COULEUR

On peut créer différentes teintes de bois ressemblant aux teintures de bois courant, comme le merisier, le chêne clair et le noyer, selon les couleurs choisies pour la sous-couche et le glacis.

La teinture merisier: une sous-couche rouille foncée et un glacis de terre d'ombre brûlée.

La teinture chêne clair: une sous-couche marron très clair et un glacis Sienne brûlée.

La teinture noyer: une sous-couche mordorée et un glacis de terre d'ombre brûlée.

IMITATION DE MOIRE

Pour obtenir les reflets aquatiques du taffetas de soie moirée, utilisez un procédé similaire à la technique d'imitation du bois. Les motifs subtils ton sur ton peuvent être créés dans toutes les couleurs si votre but est une décoration coordonnée. Cette finition est conseillée pour de petites zones, comme pour le bas d'un mur ou dans l'encadrement d'une moulure.

On utilise aussi le tampon à bascule (page 118) pour obtenir ces reflets. On applique un glacis de peinture (page opposée) sur une sous-couche, et on passe l'outil en le faisant osciller sur le glacis pour créer les impressions.

Le glacis utilisé pour imiter le moiré contient plus de peinture que la plupart des glacis, le rendant plus épais et plus opaque. Afin de finir le grainage avant que le glacis ne sèche, appliquez-le sur une petite zone à la fois. Si l'imitation de moiré recouvre le bas d'un mur ou une bordure, travaillez rapidement de haut en bas sur des sections de 30,5 cm.

Contrairement au faux bois, on imite le moiré en utilisant une teinte plus sombre pour la sous-couche et un glacis plus clair pour la couche supérieure. Ceci donne la brillance claire qui caractérise le tissu moiré.

REALISER UNE IMITATION DE MOIRE

MATERIEL

- Peinture émaillée latex satiné d'une teinte assez sombre, pour la sous-couche.
- Peinture émaillée latex satiné d'une teinte plus claire, pour le glacis; on peut aussi utiliser une sous-couche éclaircie par de la peinture blanche.
- Retardateur de peinture latex.
- Tampon à bascule imitant le grain du bois.
- Rouleau ou pinceau pour la sous-couche et le glacis.
- Pinceau soies naturelles de 5 à 7,5 cm de large pour brosser à sec.

GLACIS IMITATION DE MOIRE

Mélangez les ingrédients suivants:
deux mesures de peinture émaillée latex semi-brillante;
une mesure de retardateur de peinture latex;
une mesure d'eau.

1 Préparez la surface et appliquez la sous-couche d'émail latex satiné comme à la page 118, étape 1.

2 Mélangez le glacis (à gauche). Appliquez une couche égale de glacis en brossant ou en passant le rouleau.

3 Faites glisser l'outil à bascule verticalement sur le glacis humide en le faisant lentement osciller de haut en bas, pour créer un effet de reflets dans l'eau. Commencez dans un coin en travaillant avec le tampon. Les oscillations de ce dernier créeront des traces ovales.

4 Répétez l'étape 3 pour les rangées suivantes; décalez les impressions ovales, et travaillez avant que le glacis ne sèche.

5 Passez un pinceau sec à l'horizontale sur la surface quand le glacis est en partie sec; ceci reproduit le grain croisé du tissu moiré. Essuyez l'excédent de glacis du pinceau, si nécessaire. Laissez sécher la peinture.

IN

Edition originale: *Decorative painting*

Cette édition par: Chantecler, Belgique-France
Traduction française: Nancy Peterson.
D-MCMXCIV-0001-21